AF185071

www.tredition.de

Der Autor

REINHARD PAULSEN (*1947)
In den Jahren 1967–1974 studierte er Geschichte an der Universität in Kiel.
Er schloss das Studium mit dem Grad eines Magister Artium ab. Danach ver-
ließ er das akademische Intellektuellenmilieu und absolvierte eine Schlos-
serlehre. Anschließend arbeitete er als Betriebsschlosser in einer Alumini-
umhütte, um dann 1977 zu einem weltweit tätigen Konzern der chemischen
Industrie zu wechseln, in dem er 35 Jahre bis zu seinem Ruhestand 2012
angestellt war. Seine Arbeit umfasste Schlosser-, Techniker- und Ingeni-
eursarbeit und Tätigkeit in der Qualitätssicherung und im Reklamationswe-
sen. In all diesen Jahren war er basisgewerkschaftlich engagiert, sei es als
Vertrauensmann, als Betriebsrat oder in der gewerkschaftlichen Erwachse-
nenbildung, wobei er persönlich kritische Distanz zum Gewerkschaftsma-
nagement hielt. 2002 kehrte er, parallel zu seiner beruflichen Tätigkeit nach
28 Jahren, an die Universität zurück und arbeitete ab 2006 an der Universität Hamburg, Fakultät für Geisteswissenschaften an einem Promotionspro-
jekt zu hamburgischer und europäischer Schifffahrt im Mittelalter und
deutscher Forschungsvergangenheit, welches er im Jahre 2014 mit dem
Grad eines Dr. phil. in mittelalterlicher Geschichte abschloss. 2013/2014
nahm er Lehraufträge in mittelalterlicher Geschichte an der Universität
Hamburg wahr.

Reinhard Paulsen

GELD

Fluch oder Segen der Menschheit?

Hamburg
2018

www.tredition.de

© 2018 Reinhard Paulsen

Verlag & Druck: tredition GmbH, Hamburg

ISBN
Paperback   978-3-7469-2689-6
Hardcover   978-3-7469-2690-2
e-Book   978-3-7469-2691-9

Bibliographische Information der Deutschen Nationalbibliothek:

Die Deutsche Nationalbibliothek verzeichnet diese Publikation in der Deutschen Nationalbibliographie; detaillierte bibliographische Daten sind im Internet über *http://dnb.d-nb.de* abrufbar.

Denken heißt Überschreiten.

Ernst Bloch

Inhaltsverzeichnis

Einleitung

„Geld regiert die Welt" heißt es im Volksmund. Wie ist das möglich? Was geschieht in einer Gesellschaft mit und durch und für Geld? Was ist Geld überhaupt?

Man sollte meinen, dass nach Jahrtausenden der Existenz und des Gebrauchs von Geld es gelungen sein müsste, Geld allgemein verständlich und eindeutig zu erklären. Dem ist nicht so.

Die Verwirrung über das Wesen und die Funktion von Geld scheint sogar in der heutigen Zeit noch zugenommen zu haben. Für viele ist Geld ein Mysterium, eine dunkle, alles beherrschende, unerklärliche Macht. Nach einer langen, weltweiten Gesellschafts- und Kulturgeschichte des Geldes wird von einigen sogar festgestellt, Geld sei ein Irrtum, sei Fake, leer und substanzlos.

Geschichte ist wie eine Serie von Fortsetzungsromanen. Wer mittendrin anfängt zu lesen, versteht nicht viel von der Handlung und den Zusammenhängen. Das gilt auch für das Geld. Man muss sich mit seiner Entstehungs- und Entwicklungsgeschichte beschäftigen, um zu verstehen, was Geld heute darstellt.

Ein zweiter Aspekt ist zu bedenken. Es ist unstreitig, dass Geld nicht allein aus sich selbst heraus, sondern nur in seiner gesellschaftlichen Einbettung in arbeitsteilige Güterproduktion sowie Waren- und Dienstleistungsaustausch zu verstehen ist. Weit auseinanderliegende Vorstellungen über das Wesen und die Entwicklung von Gesellschaft und Staat führen dementsprechend seit Jahrtausenden zu unterschiedlichsten Vorstellungen von Geld.

Es ist kein Geheimnis, dass Gesellschaften sich in unterschiedliche Interessengruppen aufspalten. Die wohl entschiedenste Spaltung ergibt sich aus einseitiger Beanspruchung und Verteilung von Besitz. Besitz bedeutet Verfügungsmacht. Privater Besitz an Wirtschaftsfaktoren bedeutet Macht über die Lebensbedingungen der Nichtbesitzenden. Aus dieser Verfügungs- und Entscheidungsgewalt erwächst politische Herrschaft im und über den Staat – und die Macht über das eingebettete Geld.

Über solche gesellschaftlichen Interessenlagen und Bruchlinien hinweg kann es letztlich keine Verständigung geben. Wenn beispielsweise jemand große Gewinne aus seinem privaten Aktienbesitz zieht oder sich als Manager selbst ein riesiges Gehalt incl. Bonus genehmigt, wird er selbstverständlich nichts davon hören wollen, dass diese Gelder von anderen Menschen erarbeitet wurden und er an deren Arbeit schmarotzt. Banker und Wirtschaftspolitiker in Machtpositionen werden nicht thematisieren wollen, dass sie über Kredite, Staatsanleihen und Steuerhaushalte von den Bevölkerungen erarbeitete Milliardenbeträge in die Taschen von Finanzeliten umverteilen.

Dieses gesellschaftlich tonangebende und politisch bestimmende Establishment hat allen Grund, die wesentlichen wirtschaftlichen und gesellschaftlichen Grundzusammenhänge zu tabuisieren – oder tabuisieren zu lassen. Dafür ist offizielle Wissenschaft „von oben" zuständig, die entsprechende Ideologien verbreitet, in denen ökonomische Klassen, Ausbeutung, Arbeitswert und politische Klassenherrschaft weder heute noch in der Geschichte thematisiert werden und in denen Geld zu einem arbeitswertfreien Mysterium gemacht wird.

Aus der Sicht der wertschaffenden Bevölkerungen, also einer Sicht von unten, erklären und entzaubern sich die Mystifikationen des Geldes und zeigen sein Potential für eine sinnvolle Kulturtechnik. Die Grenze zwischen apologetischer Wissenschaft von oben und kritischer Wissenschaft von unten ist eine Grauzone. Wir werden uns deshalb mit dem Wirtschafts- und Gesellschaftsmodell des Ökonomieprofessors Franz Hörmann beschäftigen (Kap. 11). Wie weit die Wissenschaft von oben die Geldmystifizierung treibt, wird an einem Extrembeispiel gezeigt (Kap. 13).

Diese Abhandlung dient dazu, den roten Faden des Geldes durch die Menschheitsgeschichte zu verfolgen und den Mystifikationen und Geldverwirrungen entgegenzutreten. Es wird deutlich, dass sich die Menschheit von der heutigen neoliberalen Banken- und Finanzwirtschaft mit ihrer für die Ökonomien und Völker ruinösen Instrumentalisierung von Geld trennen muss.

1 Positionsbestimmung zur Geldproblematik

Wie bei so vielen anderen gesellschaftlichen Grundthemen drehen sich die Erklärungsversuche zum Geld immer wieder im Kreis. Man kommt nicht wirklich weiter und endet in reformerischer Flickschusterei oder sozialutopischen Visionen. Wie auch bei anderen Fragen liegt das Problem nicht in mangelnden analytischen Fähigkeiten, sondern in illusionsbehafteten Vorstellungen von den Gesellschaften, in die Geld eingebettet war und ist.

1.1 Wissenschaft von oben und von unten

Trotz allem Streben nach Objektivität steuert in der Wissenschaft immer ein präjudizierendes Erkenntnisinteresse den Umgang mit gesellschaftlichen Problemen. Dabei spielen unabhängig von persönlichen Dispositionen der Akteure übergeordnete klassen- und schichtenspezifisch gebundene Einstellungen eine prägende Rolle. In der Grundausrichtung des wissenschaftlichen Mainstreams kommen gewöhnlich wissenschaftsferne ökonomische und politische Interessen zum Tragen, welche sich in dem Begriff des Establishments bündeln lassen.

Jahrtausendelang ideologisierte und überhöhte eine philosophisch-religiöse Intelligenz die jeweilige gesellschaftliche Klassenherrschaft. Seit dreihundert Jahren wird das auch durch offizielle staatsfinanzierte Geistes- und Gesellschaftswissenschaft betrieben.

Seit der ersten Hälfte des 19. Jahrhunderts standen sich prinzipiell zwei antagonistische Wissenschaften gegenüber: Wissenschaft von oben und Wissenschaft von unten; Wissenschaft zur Verteidigung und Optimierung der herrschenden ökonomischen und staatlich-politischen Welt und emanzipatorische Wissenschaft zur Befreiung der unteren Klassen aus einer sie entrechtenden und der Ausbeutung ausliefernden Existenz. Diese beiden Grundrichtungen von Wissenschaft waren nicht kompatibel und miteinander konsensfähig, denn sie dienten zu unterschiedlichen Herren.

Die Wissenschaft von und für unten war in der zweiten Hälfte des 19. Jahrhunderts vor allem durch Karl Marx und Friedrich Engels und die wissenschaftliche Tradition der damals noch als Umsturzpartei gefürchteten Sozialdemokratie und den Kräften der I. Sozialistischen Internationale geprägt. Auch später war die Kennzeichnung ,links' trotz aller politischen Richtungsstreits immer ein Synonym für ,antikapitalistisch' und ,revolutionär' im Sinne der Beseitigung der herrschenden ökonomischen Ordnung und des zugehörigen politischen Systems.

1.2 Doppelte Niederlage und Abwicklung des Marxismus

Die Wissenschaft von unten wurde vor allem in dem Sowjetblock seines Wesens beraubt und zu einer starren, dogmatischen Hülle entschärft, hinter der sich eine neuartige Klassengesellschaft verbarg. Diese Art der Einfrierung lebendiger Wissenschaft hatte allerdings den positiven Nebeneffekt, dass Millionen von Menschen weltweit die Sicht von unten in den wissenschaftlichen Schriften von Marx und Engels, vor allem aber „Das Kapital" von Karl Marx kennenlernten. In allen linken Strömungen weltweit und über 100 Jahre war der wissenschaftliche Marxismus und seine Weltsicht eine anerkannte Macht.

Der Zusammenbruch der Sowjetunion und die Niederlage im Kalten Krieg führten zu einer Abwicklung des Marxismus und wissenschaftlichen Sozialismus durch die scheinbar bestätigte, bürgerliche Wissenschaft westlichen Typs.

Die Niederlage der Wissenschaft von unten war also doppelt heftig. Erst wurde ihr in einer sozialistisch getarnten zentralistischen Klassengesellschaft das Leben ausgetrieben und dann wurde sie Stück für Stück aus dem Bewusstsein der arbeitenden Klassen und der lernenden und studierenden Jugend getilgt und als erledigt abgehakt. Während in den 60er und 70er Jahren des letzten Jahrhunderts die kritische und aufbegehrende Jugend sich noch wie selbstverständlich mit den Grundfragen der Klassengesellschaft und des Kampfes gegen Kapitalismus und Imperialismus beschäftigte, ist diese Bildung heute weitgehend verloren gegangen.

1.3 Historisches Grundwissen ging verloren

Die definierende Klammer und das Hauptkennzeichen für eine politische Linke ist nicht mehr ein konsequenter Antikapitalismus in Theorie und Praxis. Es existiert zwar kritische, links-intellektuelle Wissenschaft, die hervorragende Analysen über die Welt und das System des Finanz- und Monopolkapitals hervorbringt. Dennoch kommt unter dem Strich eine einseitige Weltsicht heraus.

Den Vordenkern der proletarischen Bewegung des 19. Jahrhunderts gelang ein weltgeschichtlicher Durchbruch mit der wissenschaftlichen Erkenntnis, dass man historische Epochen und Gesellschaftsformationen incl. der jeweiligen Gesellschaftsvarianten, Staaten und Ökonomien nur auf der Grundlage eine Klassenanalyse in ihrem Wesen erfassen kann.

Das historische und soziologische Grundwissen der Wissenschaft von unten besteht im Kern in der Erkenntnis, dass die Geschichte der menschlichen Zivilisation nur als in sich zerrissene Klassengesellschaften zu begreifen ist, in denen immer herrschende Minderheiten die große Masse der produzierenden Menschen ausbeuten.

Diese Jahrtausende alte Menschheitspoche der Klassengesellschaft wird von Klassenstaaten geprägt, in denen der Gegensatz zwischen überlegen bewaffneten, herrschenden Besitzklassen einerseits und der übergroßen Masse der produzierenden und arbeitenden Bevölkerungen andererseits allem seinen Stempel aufdrückt.

Nur die Analyse dieser b e i d e n Gesellschaftsabteilungen und ihres Verhältnisses zueinander, der Methoden der Ausbeutung und Herrschaft genauso wie des durchgängigen Widerstandes und Kampfes der unteren Klassen gegen ihre Unterdrückung und Ausbeutung ergibt ein ungeschöntes Bild vom Verlauf der menschlichen Gesellschaft.

1.4 Linke kritische Wissenschaft und Pessimismus

Nur auf der Grundlage solcher Wissenschaft wird das weltgeschichtliche Ausmaß dessen, was sich momentan auf dem Globus abspielt, in aller Konsequenz deutlich, denn wir erleben gerade das Ende dieser Menschheitsepoche der Klassengesellschaften, indem die mächtigsten Besitzklassen, die die Weltgeschichte hervorgebracht hat, nicht mehr in der Lage sind, irgendein Grundproblem auf diesem Globus emanzipatorisch lösen. Von ihren eigenen Systemzwängen getrieben, ist vielmehr die heutige Finanzelite dabei, die relativ dünne und kostbare Lebenssphäre der Menschheit auf der Oberfläche dieses Planeten zu ruinieren.

Ein winziger Olymp von monopol- und finanzkapitalistischen, auf der ganzen Linie versagenden „Weltenlenkern" stehen Milliarden von zunehmend desillusionierten, von Zukunftsangst erfüllten und in immer größeren Massen ökonomisch überflüssigen und bereits um ihr Überleben kämpfende Völker und Länder gegenüber.

Die Welt befindet sich zunehmend in Aufruhr und sozialem Chaos. Die Menschheit wehrt sich überall und in zunehmendem Maße sowohl in den Metropolländern und erst recht in deren verarmenden, dem Niedergang geweihten Hinterhofregionen – auch wenn eine, nach meinem Wissen manipulative Medienlandschaft das wirkliche Ausmaß des weltweiten Geschehens vor der Bevölkerung mit aller Macht herunterspielt und ideologisch kanalisiert.

Linke, kritische Wissenschaft hat erfolgreich aufgeklärt, welche Rolle das Geld in der Verfügungsmacht des Bank- und Finanzkapitals spielt, wie es als Instrument von Herrschaft und Profitmacherei eingesetzt wird und sich immer auswegloser in sich selbst verstrickt.[1]

Das Hauptproblem ist jedoch, dass linke sozioökonomische Untersuchungen sich überwiegend auf die Machtstrukturen, gesetzmäßigen Systemzwänge und finanztechnischen Verwerfungen konzentrieren und dabei zwangsläufig das Bild einer allmächtigen, monströsen, nicht mehr aufzuhaltenden Monopol- und finanzkapitalistischen Macht entstehen lassen, das leicht zu einem pessimistischen Abgesang auf die Menschheit wird. Tomas Konicz beispielsweise stellt fest: *„Nicht nur auf der taktischen Ebene, auch bei der strategischen Zielsetzung scheint die Zeit bereits abgelaufen. Es ist auch zu spät für große utopische Entwürfe, die zur Motivation im*

Transformationskampf taugen könnten, da ihre Realisierung aufgrund der vorangeschrittenen ökologischen Krise nicht mehr möglich ist." [2]

Das ist harter Tobak, trifft aber wohl die Grundstimmung in der heutigen Linken. Hat Konicz nicht eigentlich recht und bringt den Mut auf, es auszusprechen? Ja und nein. Es ist ja tatsächlich fünf vor bis fünf nach zwölf, je nachdem um welches Problem es jeweils geht.

Die Menschen wehren sich weltweit auf verschiedenste Weise. Es sind immer die direkt und existentiell Betroffenen, die Antworten der Tat auf die Zerstörungen und Angriffe auf ihre Lebenswelt geben – nicht immer in Form konstruktiver und emanzipatorischer Organisierung; oft leider auch als missbrauchtes Aufbegehren in verzweifelter Lage.

Konicz überschätzt wohl die Bedeutung und Einflussmöglichkeiten linker Intellektueller in staatlichen oder staatsfinanzierten Institutionen, die sich überwiegend mit theoretische Kopfarbeit in halbwegs gesicherter Lebenslage beschäftigen.

Eine Geschichte des alten chinesischen Staatsmanns Shen Buhai (400 – 337 v.u.Z.) beschreibt anschaulich, was ich der Linken zu bedenken geben möchte:

Der Drachenliebhaber

Herr Shi Zigao war ein Liebhaber von Drachen. Alle Zimmer seines Hauses ließ er mit Drachenbildern schmücken und ließ auch Drachen in die Säulen eingravieren. Als der Himmelsdrache davon hörte, flog er zu ihm hernieder, steckte seinen Kopf zum Südfenster und das Schwanzende zum Nordfenster. Herr Shi erstarrte vor Schreck, als er ihn erblickte. Er war eben kein echter Drachenliebhaber. Er liebte sie nur auf Bild und Säule, nicht aber in der Wirklichkeit.

Die Welt wartet nicht auf „große, utopische, strategische Entwürfe" der Linken. Die Welt kämpft auch ohne diese Entwürfe. Wie schrecklich auch vor uns liegende Abstürze der Menschheit werden können, – solange noch Menschen da sind, werden sie sich in Befreiungs- und

Massenbewegungen zur Wehr setzen und sich nicht nur duldend missbrauchen lassen und ein sinnentleertes Schicksal ertragen.

Dabei brauchen sie die Unterstützung einer engagierten und mutigen Wissenschaft von unten. Diese kann den Bevölkerungen nachhaltig bei ihren brennenden, existentiellen Problemen mit wissenschaftlicher Expertise und Perspektive helfen, indem sie in realen Konflikten und Kämpfen die Zusammenhänge, Gegner, Gefahren, Chancen und Ziele offenlegt.

1.5 Zwei getrennte Geschichten des Geldes

Geld hat zwei Geschichten. Die eine ist die Geschichte einer Kulturtechnik der seit Urzeiten arbeitenden, Produkte schaffenden und Waren tauschenden Menschen in arbeitsteiligen Gesellschaften, deren zugrundeliegende ökonomische Prinzipien noch heute Gültigkeit haben. Sie erfasst man u. a. durch die Analyse des Wertes in den Produkten, des Verständnisses von Arbeitswert und Arbeitsteilung zwischen gleichberechtigten Produzenten und Völkern. Es wird sich zeigen, dass die auf diese Weise miteinander auf Augenhöhe umgehenden Menschen nie prinzipielle Probleme mit dem Geld hatten, sondern ganz im Gegenteil, dass Geld eine geniale Erfindung wirtschaftender Gesellschaften war.

Die andere Geschichte ist die der Instrumentalisierung von Geld durch herrschende Klassen in neu entstandenen Klassenstaaten. Geld kam in die Verfügungsmacht von Leuten, die nicht mehr produktiv arbeiteten und weit oberhalb gesellschaftlicher Augenhöhe standen. Diese Oberschichten gelangten an Güter und Werte nicht durch produktive Arbeit, sondern allein durch ein jeweiliges staatliches Zwangsregime, durch Gewalt und juristische Besitznahmen. Geld wurde von ihnen im Laufe der Geschichte schließlich als Kapital benutzt und wurde so ein Mittel der Bereicherung und Ausbeutung. Im Laufe der Geschichte wurden diese Methoden immer ausgefeilter und die Gelderklärung immer abstrakter und mystischer, also unverständlicher.

Schließlich wurde das Geld als Kapital in den Händen eines Wirtschaftsbürgertums nachhaltig seines ursprünglichen Sinns beraubt.

Die Folge waren regelmäßige, gesetzmäßige Krisen der Geldwirtschaft, gesellschaftliche Zusammenbrüche und Bankrotte durch kapitalistischen Missbrauch von Geld. Der heutige finanztechnische Umgang mit dem Geld entspricht einer herrschaftlichen Vereinnahmung dieser ursprünglich sinnvollen und hilfreichen Kulturtechnik.

Trotz alledem tauschen selbstwirtschaftende Bevölkerungsgruppen immer auch Produkte ihrer Arbeit mit Hilfe von Geld entweder direkt untereinander zum gegenseitigen Vorteil aus oder bedienen sich gemeinnütziger und genossenschaftlicher Verkehrsformen – sowohl auf lokaler, regionaler als auch internationaler Ebene. Dabei stehen sie in Abwehr zu räuberischem Großhandel, ausbeuterischen Food Companies, zu Wachstum verurteilter Pharmaindustrie, kapitalistisch betriebenen Krankenhauskonzernen oder privatunternehmerischen Großbanken, die sich alle zwischen die arbeitenden und wirtschaftenden Menschen schieben, um ihren kapitalistischen Schnitt machen.

Die Wissenschaft von oben ignoriert die Geschichte des Geldes als einer Kulturtechnik gleichberechtigter und gesellschaftlich arbeitsteilig miteinander verbundener Produzenten des allgemeinen gesellschaftlichen Reichtums. Diese konformistische Wissenschaft, d. h. – ungeschminkt ausgedrückt – Wissenschaft im Dienste der größten gesellschaftlichen Ausbeutungsordnung der Geschichte, ist durch das Große Tabu der Epoche der Klassengesellschaften (Kap. 4.2, S. 42 f) gebunden, das sie letztlich zur Parteilichkeit mit den herrschenden Eigentums-, Produktions- und Klassenverhältnissen verpflichtet.

Will man allerdings Wesen und gesellschaftliche Realität des Geldes verstehen, muss man bereit sein, dieses Tabu zu brechen und von Klassengesellschaft und gewaltbasierten Klassenstaaten, von juristisch sanktionierten Besitzverhältnissen und Ausbeutung der arbeitenden Massen reden. Versuchen wir es also.

2 Das Grundverständnis von Geld

2.1 Geld, Wert und die Frage der Gerechtigkeit

Es muss zunächst ein grundsätzlicher Aspekt zur Frage der Gerechtigkeit in menschlichen Gemeinschaften angesprochen werden. Der gerechte Tausch ging immer von der Situation aus, dass zwei Produzenten auf Augenhöhe ihre Arbeitsergebnisse nach Arbeitswert, d.h. nach Menge der jeweils aufgewendeten Arbeit und Mühen, tauschten.

Nach naturrechtlichem Denken alter Stammeskulturen ist es nicht unbedingt das Gleiche, wenn unterschiedlich befähigte Menschen gleiche Arbeit verrichten. Für einen Schwachen ist eine körperlich schwere Arbeit viel härter als für einen Starken; für eine geschickte, geduldige Frau kann eine Feinarbeit viel einfacher sein als für einen grobschlächtigen Mann, usw. Ansprüche Einzelner richten sich gemäß naturrechtlich-biologischer Gerechtigkeit nach den Möglichkeiten und dem Bedarf der Individuen einer Lebensgemeinschaft. Verteilung der in die Gemeinschaft eingebrachten Ernten, Jagdbeute und Arbeitseinsätze erfolgt in scheinbar ungleichen Teilen, tatsächlich aber gemäß den vorhandenen Notwendigkeiten und den zugestandenen Bedürfnissen der Einzelmenschen.

Wenn wir im Folgenden von Gerechtigkeit bei Warentausch, Markt und Arbeitswert sprechen, ist dabei immer zu bedenken, dass unterschiedlich talentierte, begabte und befähigte Individuen auf eine im humanen Sinn ungerechte Art nivelliert werden. Das ist eine unabdingbare Begleiterscheinung jeglicher, noch so gerechter Geld- und Marktwirtschaft, die miteinander unbekannte Produzenten über Entfernungen verbindet.

Es konnten sich als gesellschaftliches Maß nur auf Durchschnitt nivellierte Arbeitsaufkommen für die Herstellung einer Ware im Warentausch einpendeln, woraus sich allerdings auch eine Dynamik zur Rationalisierung der Produktion ergab, denn wessen Aufwand unter dem Durchschnitt lag, erzielte einen Rationalisierungsgewinn.

Allgemein betrachtet sind durchaus Überlegungen angebracht, ob in einer herrschafts- und ausbeutungsfreien Gesellschaft überhaupt Individualtausch und Geld nötig sein werden und ob die Verteilung von Mangelgütern und Bedürfnisbefriedigung nicht auf andere, gerechtere Weise erfolgen könnte, als Märkte es jemals – selbst bei völliger Gleichberechtigung der Marktteilnehmer – bieten können.

2.2 Reziprozität, Redistribution und Markt

Man muss zum Verständnis der Wert-, Preis- und Geldproblematik schon bei sehr frühen Formen der gesellschaftlichen Verteilung der Güter in arbeitsteiligen Gesellschaften ansetzen. Die Wissenschaft unterscheidet heute drei Verteilungsarten von Gütern: Reziprozität, Redistribution und Austausch über Märkte.

Unter R e z i p r o z i t ä t versteht man früheste Verteilung über Geschenke und Gegengeschenke. Es ging um einen ausgewogenen, gleichwertigen Geschenkeaustausch, basierend auf gegenseitiger, sozialer Verpflichtung.

Bei der R e d i s t r i b u t i o n funktionierte die Verteilung über eine zentrale Autorität, bei der die produzierten Güter abzuliefern waren, die sie lagerte und anschließend wieder an Mitglieder der Gemeinschaft austeilte.

Als Vorläufer einer ausgebildeten, marktgesteuerten, geldbasierten Verteilung existierte als dritte, ursprüngliche Verteilungsform der reine n a t u r a l w i r t s c h a f t l i c h e T a u s c h.

Bei allen diesen Vorgängen ging es darum, Güter so zu verteilen, dass die beteiligten Personen durch den Güterwechsel ihre Bedürfnisse besser befriedigen konnten und dass die Beteiligten den Wechsel der Produkte von einer Hand in die andere als angemessen und gerecht ansahen.

2.2.1 Redistribution durch zentrale Autoritäten

Bei der Redistribution galt es z.B. für den Häuptling eines Südseestammes, die Güter so zu bewerten, dass alle Lieferanten/

Empfänger den Eindruck hatten, angemessen aus dem Topf, den sie gefüllt hatten, versorgt zu werden.

Die Angehörigen früher Gemeinschaften produzierten arbeitsteilig für die Ablieferung bei der Stammesautorität, dem Verwalter des Güterkreislaufes. Die Verteilung der Güter aber erfolgte nicht nach dem individuellen Produktionsaufwand der Menschen, nicht durch Aufrechnung individueller Arbeitsleistung gegen individuelle Arbeitsleistung. In diesen gewaltfreien überschaubaren Gemeinschaften war es eine Selbstverständlichkeit, dass jeder seinen bestmöglichen Beitrag für das Ganze leistete. Der vorhandene Pool an Gütern wurde als Gemeinschaftsleistung behandelt.

Der Big Boss kleiner herrschaftsfreier Gesellschaften redistribuierte, also verteilte die beigebrachten Produkte nach naturrechtlichen Gesichtspunkten an die produzierende Gemeinschaft zurück. Eine redistributive Verteilung funktionierte deshalb noch ohne das Tauschmittel Geld späterer Tausch- und Marktökonomie. Die Güter waren noch keine Waren.[3]

2.2.2 Scheitern früher Verteilungsarten

Historisch scheiterten sowohl die reziproke als auch die redistributive Verteilungsart nicht an ökonomischen Systemfehlern, sondern an ihrem Missbrauch in den entstehenden Klassengesellschaften.

Diese drei ursprünglichen Verteilungsarten haben eine Bedingung gemeinsam: Die prinzipielle, soziale Gleichheit der beteiligten Parteien. Als diese Gleichheit im Zuge der Differenzierung der späten urgesellschaftlichen Sozialstruktur hierarchisch aufgebrochen wurde, mussten die ersten beiden Verteilungsarten ihren Charakter verändern. Sie pervertierten unter dem Wirken physischer Gewalt und psychologischer und religiöser Zwangsmethoden von Herrengruppierungen.

Aus reziproken Austauschbeziehungen konnten so einseitige „Geschenke" an einen fordernden Mächtigeren werden. Das waren Tribute im Gewand von Geschenken, also erzwungene Abgaben.

Die redistributive Verteilung pervertierte unter der Machtausübung abgehobener Eliten in den frühen Hochkulturen zu einseitiger Umverteilung des erarbeiteten Reichtums an Palast und Tempel, an Krieger- und Priesterkasten. Ökonomisch betrachtet waren das Zentralabschöpfungswirtschaften bei entsprechender Klassenspaltung der Gesellschaft.

Die Entstehung und Festigung einer ausbeutenden, kastenmäßig nach unten abgeschotteten Elite war keine ökonomische Notwendigkeit. Erzwungene Ablieferung aller überschüssigen Werte und Ableistung von Fronarbeit auf den Besitzungen der herrschenden Elite waren die Folge einer Kultur gesellschaftlichen Zwanges und gewaltandrohender Machtausübung.

2.2.3 Warentausch und Marktökonomie

Die Herausbildung von Geld zur Optimierung der Tauschbeziehungen in immer arbeitsteiliger wirtschaftenden Gesellschaften war ein gewaltiger historischer Fortschritt, der sich unabhängig von der Formierung von Klassengesellschaften entfaltete. Es konnten Märkte zwischen spezialisierten Bevölkerungsabteilungen (Ackerbau, Viehzucht, Handwerk, Dienstleistungen) und fremden Völkerschaften und Regionen entstehen. Der Wert von Edelmetall als einer Tauschware ergab sich wie der aller anderen produzierten Waren aus quantifizierbarem Arbeitswert.[4]

Diese Goldware gab es überall. Sie wurde in allen Gegenden geschätzt und konnte überall gegen alle anderen Waren eingetauscht werden. Das machte das Gold bzw. das Silber zu einer zentralen Ware, zu einer Art ökonomischer Relaisstation, über die man leicht in zwei Schritten alle Dinge nach dem Schema

eigene Waren > Verkauf > Geld > Kauf > benötigte Waren

erwerben konnte. Genauer aufgeschlüsselt ergibt sich ein Ablauf, den das Schema auf der folgenden Seite zeigt.

Der störungsfreie Marktverkehr nach diesem Ablaufschema setzte im Prinzip gleichberechtigte Tausch- und Geschäftspartner voraus,

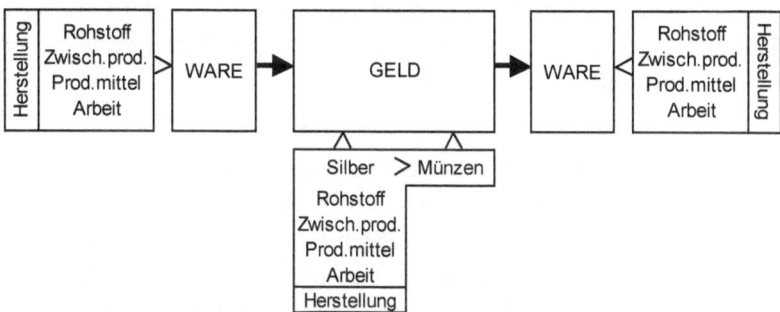

die die freie Entscheidung darüber hatten, einen Kauf oder Verkauf zu tätigen.

Alle krisenhaften Störungen und Missbräuche von Geld in der Geschichte gingen auf Missbrauch durch Macht ausübende und ausbeutende Klassen zurück, weil diese Besitzelite keine selbst erarbeitenden Waren anbieten, sondern nur gewaltsam angeeignete fremde Arbeitsprodukte vermarkten konnte. Sie zerrütteten mit Gewalt, Erpressung und Raub die freien Austauschbeziehungen zwischen Produzenten und missbrauchten Geld für eigene Zwecke. Der Dichter hat das wunderbar auf den Punkt gebracht:

> „Man hat Gewalt, so hat man Recht.
> Man fragt ums Was und nicht ums Wie!
> Ich müsste keine Schifffahrt kennen:
> Krieg, Handel und Piraterie,
> Dreieinig sind sie, nicht zu trennen."
>
> (*Goethe*, Faust, 2. Teil, 5. Akt.,
> 11184—11188)

Durch die gesamte Geschichte wurde Geld auf den Märkten und in den Arbeitsbeziehungen innerhalb der Bevölkerungen selbst reibungs- und problemlos eingesetzt, z.B. in den Marktbeziehungen innerhalb früher aufblühender Städte und dem lokalen Austausch zwischen Stadt und Land.

Die Probleme nahmen ihren Lauf, als Geld auch zu K a p i t a l wurde. Zu Kapital wird Geld, wenn es nicht mehr zum Zweck des

Austausches zwischen Produzenten benutzt wird, sondern nur dazu dient, sich selbst zu vermehren und das Geschäftsschema zwischen Produzenten auf den Kopf stellt:

Geld > Kauf > Waren > Verkauf > mehr Geld.

Sowohl im überregionalen maritimen Wanderhandel als auch im lokalen und regionalen Austausch traten den naturwirtschaftlichen Tausch vermittelnde Händler und Kaufleute auf den Plan, deren Tätigkeit den Warentausch wesentlich ausbreiten half. Sie kauften Produkte nicht, weil sie sie benötigten, sondern um sie mit Gewinn weiterzuverkaufen. Sie waren die erste Berufsgruppe, die Geld zu Kapital machte. Sie hatten keine persönliche Beziehung zu den Tauschgütern wie deren Produzenten. Ihre Aktivitäten waren nur darauf angelegt, Geld zu vermehren. Die erste Form von Kapital, lange vor der Herausbildung des Kapitalismus als Produktions- und Wirtschaftsweise, war das Kaufmannskapital.

2.3 Wertformen von produzierten Waren

Ein kritisch eingestellter Mensch wird sich zu recht fragen, was denn Wert und was sein Maßstab sein kann. Er stellt zu Recht fest, dass Geld nicht sein eigener Wertgeber sein kann. Es macht keinen Sinn, 100€ mit einem 100€ Schein zu „kaufen" oder mir mit Münzen, die 1 Unze Gold enthalten, eine Unze Gold zu kaufen.

Es geht um Wert hinter dem Gold, hinter dem Geld, hinter den Waren. Was also ist der Wert und wie kommt er in die Produkte und in das Geld hinein? Jeder wird sofort einsehen, dass Waren, die ich zwecks Tausch oder Kaufgeschäft miteinander wertmäßig in Beziehung setze, etwas quantifizier- und dadurch messbar Gemeinsames an sich haben müssen. Die Marktteilnehmer können den Tauschwert der Waren nur nach der Menge eines in a l l e n Waren vorhanden Gleichen festlegen, anders kann es kein Tausch- oder Marktgeschäft geben.

Nun taucht an dieser Stelle aber das Problem auf, wie man qualitativ unterschiedliche Arbeiten bzw. Dienstleistungen wie „Reinigen, Backen, Singen, Bauen, Ernten, Pflegen, usw." miteinander vergleichen könne. Natürlich geht das nicht. Man kann Qualitäten nicht quantitativ vergleichen. Wir haben ganz unterschiedliche Arbeitsarten unterschiedlicher Berufe vor Augen, die ganz unterschiedliche Produkte zur Befriedigung ganz unterschiedlicher Bedürfnisse hervorbringen. Die Produkte und Dienstleistungen sind zum einen von ihrer Zweckbestimmung her untereinander nicht vergleichbar. Zum anderen hat ein und dasselbe Ding und jede Dienstleistung für jeden Menschen einen anderen G e b r a u c h s w e r t . Die einen brauchen es mehr, die anderen weniger und manche gar nicht.

Die Qualität eines Gebrauchswertes macht ein Produkt für den Verbraucher oder Anwender interessant. Demgegenüber handelt es sich bei einem anderen Wert, der den Produkten ebenfalls anhaftet, um einen quantitativ messbaren Wert, den P r o d u k t i o n s w e r t . Die Menschen benötigen beim Warentausch und im Handel, wie gesagt, ein Gleiches, das alle Waren an sich haben und womit sich die Werte aller Waren ausdrücken und vergleichen lassen. Diese quantitative Wertvorstellung entsteht bei der Herstellung aller Produkte durch die aufzuwendende Arbeit und Mühe, durch den Aufwand, den man treiben muss, um zu dem Produkt zu gelangen. Jede menschliche Arbeit ist damit ein Wertschöpfungsprozess. Arbeit bringt A r b e i t s w e r t hervor.

Dieser Arbeitswert wird durch die Ableistung menschlicher Arbeit als solcher gespeist und ist durch die Menge der Arbeit quantifizierbar, die man in einer gegebenen Gesellschaft bei einem bestimmten Stand der Produktionsmöglichkeiten, in das Produkt stecken muss. Ob Bäcker, Krankenschwester, Busfahrer oder Lehrer – bei aller Qualitätsvielfalt haben sie doch alle eines gemeinsam: sie arbeiten, d.h. sie hantieren, denken, sprechen und entscheiden; sie schaffen als Spezialisten in bestimmten Zeiträumen Produkte und Dienstleistungen, die man entsprechend untereinander austauschen kann.

Die Menge allgemeiner menschlicher Arbeit ist also durch die Dauer der Arbeitszeit, die für das Produkt im Durchschnitt benötigt wird, mess- und kalkulierbar. Bei der Produktion gehen neben der unmittelbar ausgeführten Arbeit auch die Werte der Vor- und Rohprodukte, der Hilfsstoffe und der abschreibenden Maschinen,

Gebäude und Infrastruktur in die Wertschöpfungskette ein. Auch diese Werte gehen auf Arbeit zurück, nämlich auf vorher von anderen Produzenten geleistete Arbeit, sodass sich im Endeffekt der Produktionswert allein auf menschliche Arbeit reduziert.

So war das immer in der Geschichte und so kalkulieren noch heute Kostenrechner und Controlling Abteilungen in den Unternehmen die Wertschöpfungskette der Produktion und den Produktionswert ihrer Waren.

Produkte müssen als Waren auf Märkten verkauft werden. Erst wenn das geschehen ist, liegt ihr Arbeitswert in Geldform vor und kann somit das ursprünglich investierte Geldkapital vermehren. Wenn z.B. VW zu viele Autos produziert, die nur schwer verkäuflich auf riesigen Flächen geparkt werden, dann heißt das nicht, das sie ihren Arbeitswert verlieren. Ihr Wert lässt sich nur in dem Moment nicht, eventuell auch nie, realisieren, was wiederum mit der Autokonkurrenz, dem Preis und dem Gebrauchswert zusammenhängt.

Arbeitswert kann nicht aus einem Produkt verschwinden. Er kann nur zusammen mit dem Produkt vernichtet werden, z. B. wenn – wie in der Vergangenheit geschehen – wegen relativer Überproduktion und Preisdruck unter Herstellkosten Getreide verbrannt und in Lokomotiven verheizt wurde.

Der P r e i s ist im Marktgeschehen in der Regel nicht mit dem Arbeitswert identisch, um den die Preise allerdings schwanken. Wird er unterschritten, geht das zu Lasten der Gewinnspanne des Unternehmens; wird er überschritten, werden Extraprofite gemacht. Die Preise stehen unter dem Einfluss von Angebot und Nachfrage und haben damit etwas mit dem Gebrauchswert der Produkte und den Wünschen und der Zahlungsfähigkeit der Konsumenten zu tun.

Es heißt aber, das Große Tabu (Kap. 4.2) zu bedienen, wenn die Wirtschaftswissenschaft den Arbeitswert – und damit die zentrale Bedeutung der arbeitenden Menschen – unter den Tisch fallen lässt und behauptet, Wert entstünde nur bei der gesellschaftlichen Verteilung auf dem Markt (subjektive Werttheorie). Danach wäre ein VW auf Halde zunächst einmal ein wertloses Ding, bis ein Käufer mit seinem Geld einem dieser Autos Wert einhaucht.

Selbst wenn in der Geschichte nicht arbeitende, Macht ausübende Umverteiler mit gestohlenen, erpressten, enteigneten oder eroberten Gütern auf den Märkten erschienen, um sie zu versilbern, speiste sich der Wert auch dieser Waren immer und prinzipiell aus dem Arbeitswert der sie ursprünglich einmal herstellenden Produzenten.

Auch wenn auf dem Markt jeder nur seinen eigenen Vorteil suchte, pendelten sich über diesen gemeinsamen Wertmaßstab der abgeleisteten Arbeit bestimmte Tauschparitäten ein. Sofern die Geschäfte von Partnern auf Augenhöhe ohne Druck von außen oder Bedrohungen getätigt werden konnten, schwankten die Preise der jeweiligen getauschten Quantitäten um den Gravitationspunkt des real in die Produkte eingearbeiteten Wertes, um den inneren Arbeitswert allen Waren.

Den einzelnen Menschen auf den Märkten oder bei ihren Geschäften waren diese Zusammenhänge natürlich nie bewusst gewesen. Sie folgten ökonomischen Marktgesetzen unbewusst. Wenn ein Geschäft auf Augenhöhe gelingen sollte, mussten beide Partner am Ende innerhalb bestimmter Grenzen das Gefühl haben, es gehe gerecht zu, um dem Geschäft zuzustimmen oder es abzulehnen.

Über den Durchschnitt vieler Märkte und Geschäfte über längere Zeiträume hinweg haben sich immer Preisbalancen eingependelt, bei denen die durchschnittlichen Produktionsaufwände als Maßstab in die T a u s c h w e r t e und die Preisbildung eingegangen waren. Diese Aufwände konnten selbst arbeitende Menschen mit ihrer Erfahrung einschätzen und instinktiv berücksichtigen.

2.4 Die grundlegenden Geldfunktionen

Im Konsens zwischen frühen Lebens- und Wirtschaftsgemeinschaften konnten die unterschiedlichsten Güter als Geld fungierten. Historisch kristallisierten sich aus der großen Vielfalt möglicher Güter[5] die Edelmetalle Gold und Silber als leicht zu transportierende, haltbare und schwer zu fälschende zentrale Waren der Güterverteilung heraus.

Ihnen wurde die vermittelnde Rolle einer zentralen Zwischenware beim gesellschaftlichen Austausch zugesprochen. Gold und Silber brachten als Mengeneinheiten einen stabilen und haltbaren Wert in das Tauschgeschehen ein. In festgelegten und gewogenen Edelmetallportionen drückten sich bestimmte erarbeitete Werte aus; sie stellten gewissermaßen einen geronnenen Arbeitswert dar.

Indem alle am Austausch beteiligten Güter mit der Äquivalentware Gold- oder Silberquantum verglichen wurden, d.h. man ihren Wert als eine Gold- oder Silbermenge angab, wurde das Edelmetall zu Geld. Geldmetall war nun der Tauschvermittler auf dem Warenmarkt. Die Menge Edelmetall als Wertausdruck der Ware war ihr Preis. Warenmengen mit einem gleichen Preis, d.h. mit einem gleich großen Edelmetalläquivalent, konnten entweder über den Umweg des Umtausches in Geld oder direkt eins zu eins getauscht werden.

Die Menschen erwarben das Edelmetall nicht mehr nur um seiner selbst willen, etwa als Material für Schmuck oder Weihegegenstände in Tempeln und Kirchen. Nun war sein wesentlicher Gebrauchswert der Dienst als Tauschvermittler, d. h. sie tauschten ihre Produkte gegen Gold oder Silber ein, um mit diesem anschließend die Dinge, die sie zum Leben benötigten, zu kaufen.

Zugleich konnte man den Zwischenschritt zeitlich ausdehnen und das Edelmetall länger behalten, ehe man es wieder für andere Waren ausgab. Dadurch wurden Arbeitswert und Kaufkraft sicher für später aufbewahrt. Das führte zu Schatzbildungen mit Edelmetallgegenständen unterschiedlichster Form, als Ketten, Anhänger, Ringe, auch Schalen, Leuchter und anderes Kirchengerät. Jeder Kult- und Schmuckgegenstand war nicht deshalb wertvoll, weil er glänzte und ästhetisch und kunstvoll geformt war, sondern weil das Edelmetall ihm Wert verlieh und seinen Wert dauerhaft verwahrte. Brauchte man dringend Gold und Silber, z. B. um Lösegeld oder Söldner zu zahlen, wurde direkt mit dem Gewicht dieser Gegenstände bezahlt. Oft wurden sie auch vorher eingeschmolzen oder zerhackt.

Zu diesen beiden Grundfunktionen des Geldes – der Tauschvermittlung und der Wertaufbewahrung – gab es von Anfang an eine dritte Funktion, die allerdings erst in moderneren Zeiten ihre ganze Wirkung entfalten sollte: Geld als Rechnungs- und Verrechnungseinheit. Wenn die Preise von unterschiedlichen, zum Verkauf stehenden Waren bekannt waren, konnte man diese einfach durch gegenseitige Verrechnung austauschen, ohne das Geld körperlich vorhanden sein musste.

Die unterschiedlichen Wissenschaftsrichtungen waren sich bei diesen Grundfunktionen des Geldes bisher einig. Nun aber tritt im Zusammenhang mit modernem, deckungslosem, immateriellem Fiatgeld eine angeblich kritisch-progressive Theorie in Erscheinung, die die wesentlichen Grundfunktionen von Geld, sozusagen sein Wesen, in Abrede stellt.

So leugnen etwa Hörmann/Pregetter[6] alle drei hier aufgeführten Geldfunktionen kategorisch. Da sie die gesellschaftliche Grundlage des Geldes, nämlich wertschaffende Arbeit und Arbeitswert, – das Große Tabu einhaltend – ausklammern (*„die heutigen Geldwerte entstehen am Markt"* [7]) fällt es ihnen dann nicht schwer, mit polemischer Sophisterei zu dem Ergebnis zu gelangen,

- dass Geld kein Wertmaßstab sein könne (schon nach *„einfachem Hausverstand"*);
- dass Preise immer nur subjektive Ergebnisse persönlicher Beziehungen seien (alles andere sei *„stereotypischer Unsinn messtheoretisch ahnungsloser Volkswirte"*);
- dass Geld als universelles Tauschmittel ein Märchen sei (*„durch Auswendiglernen im Unterbewusstsein verankert"*);
- dass Geld kein Wert sei und deshalb kein Wertaufbewahrungsmittel sein könne (*„immerwährend wiederholter Unsinn"* *„im Stile echter Hofberichterstattung"*).

Da Hörmann/Pregetter die [in Anführungszeichen] „sogenannten Werte" des Geldes und damit die traditionellen Grundfunktionen von Geld für nicht existent erklären, gibt es für sie nur noch „die Informationsfunktion des Geldes" [8].

Vieles auf der Welt informiert: Schrift, Sprache, Krankheiten, Kleidung, Wetter, etc. In allem stecken Informationen, ja, wir leben heute sogar in einem umfassenden Informationszeitalter. Man muss deshalb schon genau angeben, worin der Informationsgehalt des Geldes und seines Informationssystems besteht. Man erfährt aber nicht viel, außer den Allgemeinplatz, dass Geld darüber informiert, wo es am gehäuftesten vorhanden ist, damit Waren und Dienstleistungen ihm dahin folgen.[9] Eine seltsame Wanderbewegung, denn eigentlich wandert Geld als Kapital dahin, wo es sich die größten Profite verspricht.

Nach den Ausführungen über wertbefreites Informationsgeld wird man hellhörig, wenn man mitten in Hörmanns und Pregetters Text plötzlich liest: *„Echte Werte werden immer nur in der Realökonomie erschaffen. Geld in allen seinen Ausprägungen stellt immer nur den Wertmesser für die Werte der Realwirtschaft dar, niemals hingegen einen Wert an sich."* [10]

Man muss zwei ihrer Aussagen im Zusammenhang sehen, nämlich:

a. Werte werden in der Realökonomie geschaffen und
b. Geldwerte entstehen allein am Markt.

Aus beidem folgt zwingend: Wertschaffende Realwirtschaft beschränkt sich auf den Markt, also nur auf die Warenverteilung. Somit eliminieren sie die realwirtschaftliche, den eigentlichen Arbeitswert generierende Produktionssphäre der Wirtschaft aus der Betrachtung.

Die wirkliche Information, die Geld enthält, ist die Festlegung seiner Kaufkraft, die reale Arbeitswerte vermittelt. Aber genau das sagt der nonkonformistische Ökonom Franz Hörmann nicht. Aristoteles war schon vor über zweitausenddreihundert Jahren in seinen Überlegungen über Geld ein wenig weiter,[11] konnte aber die Grundfragen auch nicht beantworten, denn er unterlag schon damals dem Großen Tabu einer Klassengesellschaft.

3 Edelmetallgeld, Währungen und ihre Probleme

3.1 Gewichtsgeld und Münzgeld

Die frühen, vorstaatlichen Stammesgesellschaften betrieben bereits untereinander mit ihren Überschüssen Tauschhandel. Man traf sich an saisonalen Treffpunkten auf geeigneten Flussufern, oft in der Nähe der Mündungen großer Flüsse, an Kreuzwegen und Furten. Es entstand ein Wanderhandel erster umherreisender Berufshändler und erste regelmäßige Märkte und schließlich in Westeuropa überregionaler Messen.

Edelmetallgeld existierte als Wertgegenstände, Nuggets, bereits eingeschmolzene Barren oder Münzen aus fernen Währungsgebieten. Es ging in jener Zeit bei einem Kauf allein um das Metall und das vereinbarte Gewicht als Preis. Die Edelmetallgeräte wurden gewogen und, wenn nötig, selbst zu Krümeln zerkleinert und zerhackt, bis das Gewicht passte. Die Gewichtsgeldwirtschaft war von den Beteiligten noch nachvollziehbar und kontrollierbar. Diese Art der Bezahlung mit Edelmetallgeld war die letzte historische Geldform, bei der sich der einfache Produzent und Verkäufer vor Betrügereien und Manipulationen durch Nachwiegen schützen konnte.

Das änderte sich mit dem Münzgeld. Die Münze war eine, in eine bestimmte Form geschlagene, Edelmetallmenge. Sie war die genormte Vorportionierung des Edelmetalls für die Tauschgeschäfte der Menschen.

Mit ihr fiel das Abwiegen im Geschäftsleben fort, das allerdings den Menschen ständig den Wertgehalt des Rohgeldes vor Augen geführt hatte und ihm immer vergegenwärtigte, dass es bei Geld um nichts anderes als um eine Tauschmenge Edelmetall ging. Statt zu wiegen, konnte man nun Geldstücke abzählen, wenn man sicher war, dass das Gewicht der Münze, ihr Edelmetallgehalt, stimmte. War man sich nicht sicher, wurde weiter gewogen und auch Geldstücke zerhackt.

Münzwillkür und Betrug ließen sich nicht ausschließen, solange an den unterschiedlichsten Stellen Münzen produziert wurden. So gab es etwa im sich ausbildenden Frankenreich, dem merowingischen *Regnum,* im 7. Jh. n. Chr. Münzen aus königlicher und solche aus kirchlichen Prägungen sowie über das ganze Land verteilt ca. 2000 Monetare – das waren Geldhersteller – in ca. 800 Münzstätten.

Ohne die zentrale, autoritative Aufsichtsmacht eines Staates konnte es unter diesen Umständen keine verlässlichen, einheitlichen Münzen geben, bei denen das Auswiegen wegfallen konnte. Die Voraussetzung von verlässlichen, d.h. in Währungen eingepassten Münzen war deshalb der Staat.

3.2 Staaten und Währungen

Die Entstehung von Staaten zeigte überall auf der Welt die Durchsetzung von Klassengesellschaften an. Aristokratische Kriegereliten unter Führung neuer Herrscherdynastien, gepaart, zumindest in Europa, mit einer adligen Kirchenhierarchie herrschten nun über die arbeitenden Völker, die sie in die feudale Abhängigkeit und zur Ablieferung ihrer Überschüsse zwangen, also ausbeuteten.

Die Herausbildung von Staaten ist gleichbedeutend mit der Entstehung einer von oben gesteuerten Geldwirtschaft, wie wir sie noch heute haben. Beide bedingten sich gegenseitig. Die Zentralmacht an der Spitze des Staates organisierte das Staats- und Herrschaftsgebiet verwaltungsmäßig und erzwang durch ein staatliches Gerichts- und Sanktionswesen die Einhaltung der Geld- und Münzvorschriften. Ein einheitliches, landesweites Geldwesen wiederum war Voraussetzung für ein staatliches Steuer-, Abgaben-, Zoll- und Handelswesen.

Der entscheidende historische Einschnitt in der Geschichte des Geldes kam mit der Staatsbildung und Herrschern als Dekretierern und Garanten des Edelmetallgeldes. D a s   G e l d   g i n g   i n   d i e   H o h e i t   u n d   V e r f ü g u n g s g e w a l t   d e r   h e r r s c h e n d e n   K l a s s e   ü b e r   u n d   b l i e b   d o r t   m i t   a l l e n   K o n s e q u e n z e n   b i s   h e u t e .

Das staatliche System des Geldes ist die W ä h r u n g . Die erste Währung gab es in unseren Breiten in dem voll entwickelten fränkischen Staat Karls den Großen, der ab 793/94 den nach Feingehalt und Gewicht definierten Karlspfennig schlagen ließ (Buchcover). Aus 409 g Silber (Karlspfund) wurden 240 Silberdenare/Pfennige herausgeholt, d. h. das Stück zu 1,7 g.

Die Autorität und das Wort des Königs als herrschaftlicher Münzherr und nicht mehr die Kontrolle des Abwiegens durch die Verkäufer und Marktbenutzer standen für die Korrektheit der Münze als vorportionierte Edelmetallmenge.

Münzstabilität und Wertbeständigkeit wurden zu einer Angelegenheit fürstlicher Herrschaft und staatlicher Macht und ergaben sich für eine naive Bevölkerung aus dem Willen und dem Wort des Mächtigsten der herrschenden Klasse im Land.

Damit war der erste Schritt in die Mystifizierung von Geld vollzogen worden, dem noch eine Reihe weiterer Abstraktionsgrade jenseits der gesellschaftlichen Realität folgen sollten.

3.3 Nominalwert und Realwert

Der Nenn- oder Nominalwert ist die Ausweisung des Wertes auf der Münze. Der Realwert ergibt sich aus dem tatsächlichen Gehalt an Edelmetall. Nur am Anfang und nur bei frisch geprägten Münzen stimmten Nominal- und Realwert noch überein. Allein schon durch die normale Gebrauchsabnutzung der Münzen verringerten sich Gewicht und Silbergehalt.

Es wurde also von Zeit zu Zeit notwendig, das Geld, wie man sagt, zu verrufen, d. h. einzuziehen und gegen neues, überarbeitetes Geld umzutauschen. Dadurch eröffneten sich Betrugsmöglichkeiten durch heimliche Münzverschlechterungen, die für den Marktteilnehmer und das einfache Volk kaum noch zu entdecken waren.

Die verrufenen Münzen wurden meist nicht auf den alten Feingehalt gebracht, sondern ihnen wurde sogar noch Edelmetall entzogen, sodass sich mit der Zeit eine dauerhafte, steigende Differenz zwischen dem Nennwert und dem ursprünglichen Realwert ein-stellte, von der der Münzherr einseitig profitierte.

3.4 Methoden der Geldfälschung

Es war wie Magie. Der Fürst ließ, sagen wir, 100000 Denare ein-schmelzen und davon 120000 neue Denare ausmünzen, ohne neues Silber nachzuschießen. Die Pfennige hatten sich auf wundersame Weise vermehrt. Die Bevölkerung bekam kaum mit, dass nun 20% plus vorherige Abnutzung weniger Silber im Pfennig enthalten waren als vorher, denn der Nennwert hatte sich nicht geändert. Gegebe-nenfalls wurde das Silber mit unedlem Metall legiert, um das Pfen-niggewicht zu halten. Wenn sich die Silberfarbe verdächtig Richtung Kupfer zu verändern begann, gab es das klassische chemische Ver-fahren des Weißsiedens,[12] um dieses Geld zumindest vorüberge-hend silberblank zu machen.

Man stellt fest, dass die Schaffung von Geld aus „dem Nichts" nicht erst, wie wir noch sehen werden, eine Spezialität heutiger kreditie-render Geschäftsbanken ist, sondern auch schon bei den römischen Kaisern und sodann wieder im Mittelalter funktionierte – allerdings zugegebenermaßen mit einem viel größeren Aufwand als heute mit dem Computer.

Auf diese Weise verdarben die fürstlichen und königlichen Münz-herren ganze Währungen. Besonders im Falle von Kriegen wuchs ihr Geldbedarf stark an und sie griffen verstärkt auf die Einnahmequelle ihres sogen. Schlagschatzes (eine Art Münzsteuer) und des direkten Münzbetrugs zurück. Das G e l d f ä l s c h e n durch Wippen (Aussor-tieren vollwertiger Münzen) und Kippen (Beschneiden vollwertiger Münzen) und Legierungsverschlechterung nahm in der Zeit des Drei-ßigjährigen Krieges in der ersten Hälfte des 17. Jahrhunderts derma-ßen systematische Formen an, dass diese Epoche als die Kipper- und Wipperzeit in die Geschichte einging.

Wer bezahlte für diesen staatlichen Betrug? Es waren alle, die das verrufene Geld an der Münzstätte der Herrschaft gegen neu gepräg-tes Geld umzutauschen hatten. Währungsmanipulationsgewinne waren Extraprofite der Herrschaftsspitze aus staatlicher

Machtvollkommenheit. Vor den Bevölkerungen wurde der Betrug möglichst lange verheimlicht. Es dauerte immer eine Zeit, bis die Geldexperten, die Bankiers, Geldwechsler und Kaufleute, genauer die Lage durchschauten und die Wechselkurse sich veränderten.

Von den Herrschern initiierte Währungsverschlechterungen trieben aber auch einen Keil in die herrschende Feudalklasse selbst, denn auf Nennwertbasis gezahlte Geldabgaben der Bauern an ihre Herren wurden real immer weniger wert und riefen Protest und Widerstand der Grundherren hervor. Dabei zeigte sich deutlich, dass dann, wenn es um die eigenen Interessen ging, der Adel nichts auf Herrscherverklärung und Nennwertgültigkeit gab und sehr wohl einschätzen konnte, worin bleibender Wert enthalten war und worin nicht.

Dem ungebildeten Volk wurde gleichzeitig mit allen Methoden der Zeit das schicksalhafte Gottesgnadentum und die landesväterliche Huld der Herrscher gepredigt, sodass sie zwar unter brutaler Ausbeutung litten und stöhnten, aber keine Vorstellung davon erlangten, wie die Oberen sie am ökonomischen Gängelband führten.

In der Bevölkerung erlangte der politische Nominalwert den Rang eindeutiger Kaufkraft. Für die einfachen Leute, die bäuerlichen und gewerblichen Produzenten auf dem flachen Land und in den städtischen Siedlungen spielte das reale Gewicht des Silbers, der Realwert der Münze als Träger eines von ihnen selbst erarbeiteten Wertes kaum eine Rolle.

3.5 Zwei Geldkreisläufe

Der Übergang von der Münze als materiell vorportionierter Silbermenge hin zu von Münzherren ausgeschlachteten Münzen mit einem verfälschten Nominalwert war ein längerer, sich vertiefender geschichtlicher Vorgang und führte zu zwei unterschiedlich funktionierenden Geldkreisläufen:

a. Eine Welt des Lebenskreises der arbeitenden Bevölkerung. In ihr funktionierte Geld in kleinem Rahmen unter der Herrschaft von autoritativen Münzherren mit einem dekretierten Nominalwert relativ stabil.

b. Eine Welt gehobener, herrschaftlicher Wirtschaftskreise, in der nach wie vor nur der Realwert, der tatsächliche Edelmetallgehalt des Geldes zählte.

3.5.1 Geld auf Nominalwertbasis

Neuere Forschungen haben gezeigt,[13] dass in spätmittelalterlichen Städten als Zentren lokaler und regionaler Märkte mit ihren eingegrenzten Währungsgebieten die Kaufkraft der Münzen trotz sinkendem Silberanteil nicht nachgab, d. h., dass diese Münzen nach Nennwert funktionierten – unabhängig vom jeweiligen, in der Regel mit der Zeit sinkenden Realwert.

Hierbei kam zum Tragen, das Geld als Materialisierung von Arbeitswert nicht unbedingt an die Form von Edelmetall gebunden ist. Entscheidend ist, dass alle Menschen eines Währungsbereiches sich auf die Stabilität und Gültigkeit des Geldes verlassen können, bzw. dazu gezwungen werden, es zu benutzen und alle Geschäfte mit dem vorhandenen Geld abzuwickeln.

In diesem Falle machte es nichts aus, wenn in der Münze Silber fehlte. Entscheidend war, dass es sich um eine Pfennigmünze handelte, die traditionell einen bestimmten Arbeitswert und damit Kaufkraft repräsentierte, und dass der Münzherr und staatliche Institutionen dafür sorgten, dass sie benutzt werden mussten.

Für den Herrscher hatte das einen doppelten Nutzeffekt. Zum einen konnte er sich an der realen Geldverschlechterung bereichern. Zum anderen band er die untere Bevölkerung fest an sich, weil von der Stabilität des Staates die Gültigkeit der Nominalwertmünze abhing.

3.5.2 Geld auf Realwertbasis

Schwerwiegende Konsequenzen hatte die Geldverschlechterung allerdings in der Welt der oberen Klassen selbst, in der Welt des übergeordneten Geldwesens, des Fernhandels und sich entwickelnden Bankwesens, der Kontakte und des Austauschs zwischen überregionalen, unabhängigen Wirtschaftsräumen und zwischen den Ländern und Herrschaftsgebieten mit unterschiedlichen Währungen.

In dieser Welt, in der die Herrscher sich gegenseitig auf Augenhöhe begegneten und sie sich Währungen nicht gegenseitig vorschreiben konnten, zählte weiterhin wie seit Urzeiten einzig und allein der Realwert des Geldes, d. h. der wirkliche Edelmetallgehalt der Münzen.

Die Herrscher und ihre Geldexperten wie Münzmeister, Banker, Geldwechsler und Fernkaufleute kannten natürlich die Methoden der Geldausschlachtung und der Gelduntersuchung. Sie trauten sich meist gegenseitig geschäftlich nicht über den Weg und richteten sich nicht nach dem in der Regel propagandistisch gestalteten Äußeren der Münzen. Ihnen konnte man die mystische Werterschaffungsfähigkeit und göttliche Normsetzungskompetenz von Königen und Fürsten nicht einreden.

Wenn sich auf überregionalen Märkten oder auf Handelsdrehscheiben wie z. B. den Häfen Palästinas, wo der Okzident mit dem reichen Orient Handel trieb, die unterschiedlichsten Geldsorten und -typen aufeinandertrafen, musste man Wechselkurse zwischen den sich fremden Währungen finden, um Handelsgeschäfte zu tätigen. Das konnte man aber nur an Hand vergleichbarer Werte, und so rechnete man, wie schon in vorstaatlichen Zeiten, mit dem reinen Edelmetall.

In dem Maße, wie man den Münzen Edelmetall entzog, d. h. ihren Realwert senkte, hatte das in dieser Welt des Reichtums, der großen Geldströme und der Ferngeschäfte entscheidenden Einfluss auf die Währungsparitäten und die Kaufkraft eines Geldes.

Auf der Ebene der Fürsten und gehobenen Wirtschafts- und Handelskreise zählten also nur das reale Gold oder Silber – ob als Währung verpackt oder in geschmolzener Barrenform, spielte keine Rolle. Im Gegenteil. Bei Barrenmetall war man sicherer vor Münzlegierungsverwirrungen. Ungemünztes Barrensilber hat nachweislich bis zum 14. Jahrhundert als Zahlungsmittel bei höheren Summen gedient.[14]

Mit dem 16. und 17. Jahrhundert gingen mit dem Mittelalter auch die kleinen, städtisch und regional abgegrenzten Währungs- und Wirtschaftseinheiten zu Ende. Überregionale Arbeitsteilung, standardisierter Fernhandel mit Massengütern und schließlich die Entstehung eines kolonialen Welthandels auf Basis moderner Territorialstaaten bereiteten rein Nennwert basiertem Wirtschaften mit Münzgeld ein Ende.

Hinzu kam eine dermaßen massive Münzverschlechterung über Legierungspanschereien und Gewichtsverringerung, das aus vielen Silbermünzen praktisch Kupfermünzen wurden und als solche erkennbar waren. Im übergeordneten Realwertkreislauf wurden Währungen unbrauchbar und in den Nominalwertkreisläufen ließ sich herrschaftliche Nennwertgarantie im Zuge erweiterter Wirtschaftsdurchdringung der Länder miteinander nicht mehr aufrechterhalten.

In dem Maße aber, wie auch für die einfache Bevölkerung der Realwert der Münzen an Bedeutung zunahm, führte eine Geldverschlechterung zu Störungen im Wirtschaftsablauf. Kaufkraftverlust schlug auf die unteren Bevölkerungskreise durch und rief zusätzlicher Verarmung hervor.

4 Papiergeld und Banknoten

Mit dem Siegeszug der Geldwirtschaft im Spätmittelalter, der Formierung neuzeitlicher Territorialstaaten, dem Beginn globaler Handelsfahrt und kolonialer Weltmärkte wuchs der Bedarf an Edelmetall ständig an.

4.1 Edelmetallknappheit und Finanztechniken

Da aber Edelmetall als Montanprodukt schwierig und mühsam zu gewinnen und aufzubereiten war und die Natur abbaubare Vorräte begrenzte, war es nur eine Frage der Zeit, bis der Konflikt zwischen ökonomischer Notwendigkeit und rohstofftechnischer Beschränktheit aufbrechen musste, bis – kurz gesagt – nicht mehr genug Edelmetall zur Verfügung stand, um alle anstehenden Marktoperationen zu moderieren.

Es gab keine andere Ware, die weltweit, wie Gold und Silber, als allgemeines Wertäquivalent den Austausch von Waren und Dienstleistungen zu vermitteln geeignet war.

Die Möglichkeiten der Geldstreckung und Abmünzung reichten bei weitem nicht aus, um die benötigte Menge an Edelmetall basiertem Geld bereitzustellen. Das Zeitalter der Entdeckungen wurde vor allem durch die gierige Suche nach und die Eroberung von Gold und Silberschätzen angetrieben.

Eine mögliche Lösung des Problems zeichnete sich in Südeuropa in den großen Handelsstädten des spätmittelalterlichen Mittelmeerraums ab. Die sich in Norditalien entfaltende und dann nach Westeuropa übergreifende Geld- und Finanzwirtschaft mit Wechselgeschäften, Bankkonten und Bilanzierverrechnungen entwickelte den Papierschein als Gutschrift für Edelmetallgeld.

Diese Schuldscheine und Wechsel[15] enthielten die Verpflichtung für ihre Aussteller, die Zettel gegen Gold und Silber einzutauschen. Sie wanderten als Zahlungsmittel von Hand zu Hand, konnten gegeneinander verrechnet werden, entlasteten den Fernhandel von gefährlichen Transporten großer Edelmetallmengen. Sie entzerrten die

4 Papiergeld und Banknoten

Geschäfte zeitlich durch die Entstehung eines auf papierner Dokumentation beruhenden Kreditwesens mit Schuldnern und Gläubigern.

Bis zu der systematischen Herausgabe von papiernen Geldnoten mit aufgedrucktem Wert war es kein großer Schritt mehr. Wie Schuldscheine und Wechsel waren diese Banknoten Gutscheine zum Einlösen des auf ihnen vermerkten Wertes in Edelmetall. Sie waren reiner Nennwert ohne die Möglichkeit, den Realwert materiell zu überprüfen, wie es mit der Münze möglich war. Der bedruckte Papierzettel wurde allein durch ein Versprechen von autorisierten Finanzinstitutionen, ihn bei Vorlage gegen reales Edelmetall umzutauschen, wertvoll.

Dieses Procedere lief im Prinzip wie bei den Wechseln ab. Der Unterschied bestand aber darin, dass für frühe Wechsel in der Regel tatsächlich Gold oder Silber bereitstanden. Der Zweck von Banknoten aber war es, dass mehr Geld in den Umlauf gebracht wurde als Edelmetall, d. h. Realwert, vorhanden war. Hätte Papiergeld nur das vorhandene Gold und Silber widergespiegelt, hätte man sich das Gelddrucken sparen und das Metall wie vorher ausmünzen können. Das Papiergeld sollte angesichts von Edelmetallknappheit die Nachfrage nach Zahlungsmitteln befriedigen – und in der Tat war es in beliebiger Menge herstellbar.

Die Alchemie der Münzabknappung wurde nun bei weitem von den Manipulationsmöglichkeiten übertroffen, die sich mit dem Surrogat Papiergeld ergaben. Die Golddeckung der Papieremissionen durch die Bankreserven reichte gerade für den normalen Gang der Konjunktur aus, wenn nur geringe Mengen von Banknoten in Gold getauscht wurden. die Geschäfte mit Banknoten abgewickelt wurden und deren Zirkulation lief.

Das Kartenhaus der Papiergutscheine brach in sich zusammen, wenn die Wirtschaft stockte und das Vertrauen in die Papierzirkulation schwand. Da allen, die mit Geld und Finanzgeschäften zu tun hatten, das riskante Spiel mit der schwachen Golddeckung eigentlich bewusst war, setzte ein Run auf die Bankschalter ein, um zu denen zu gehören, die noch Gold eintauschen konnten, ehe die zu geringen Edelmetallvorräte aufgebraucht waren, die Banken kollabierten und die Banknoten zu gebrauchswertlosem Papiermüll mutierten.

Das Papiergeld startete seinen endgültigen Siegeszug mit den großen Banken, allen voran der Bank of England, schließlich in der Zeit der industriellen Revolution des 19. Jahrhunderts, trat aber bereits einmal zu Anfang des 18. Jahrhunderts in Frankreich in großem Stil in Erscheinung:

Der große Coup des John Law

Der schottische Bankier und Wirtschaftstheoretiker John Law spielte in der frühen Geschichte des Papiergeldes eine äußerst unrühmliche Rolle. 1716 bis 1720 hatte er für die französische Krone und in ihrem Auftrag in großem Stil versucht, das Edelmetallgeld durch Papierbanknoten zu ersetzen. indem er durch ungebremste Emittierung ungedeckter Papiernoten, Börsenschwindel und Spekulationsanheizung seine Pariser Banque Géneral (ab 1718 französische Staatsbank) zusammen mit seinem „System" in den völligen Bankrott und den französischen Staat in eine schwere Wirtschaftskrise getrieben hatte. 1720 wurden das Notengeld und die Banken wieder abgeschafft und zum Münzstandard zurückgekehrt. Der Hochstapler Law musste ins Ausland fliehen, wird aber noch heute in Wissenschaftskreisen als ein großer Erneuerer hochgehalten.

Wieder und wieder in den vergangenen ca. 400 Jahren brachen die partiell gedeckten Währungen in Wirtschaftskrisen zusammen. Papiergeldbesitzer verloren alles, weil die Banknoten ihren inneren Wert aus der Stellvertreterfunktion von wirklich werthaltigem Edelmetall verloren, das seinerseits der Träger von durch Menschen erarbeitetem Wert, von Arbeitswert war.

Für die ökonomische Entwicklung des Papiergeldes besteht Erklärungsbedarf. Man fragt sich natürlich, warum dieses Spiel immer wieder von neuem einsetzte. Es wurden die seltsamsten ökonomischen Theorien aufgestellt, um die dem Desaster zugrundeliegenden Zusammenhänge der Klassengesellschaft zu verdunkeln.

4.2 Das Große Tabu der Herrschenden

Der Kernaspekt zum Verständnis von ökonomischem Wert und Geld in Klassengesellschaften verbirgt sich in der Frage, wer den materiellen Reichtum der Gesellschaft erzeugt, wer also den Lebensunterhalt für die gesamte Gesellschaft erarbeitet. Wie erklärt sich, dass man auch ohne entsprechende Teilnahme ein prächtiges Auskommen haben kann? Wer erschafft die Werte, die auch im Geld und in den Waren als Arbeits- und Tauschwert enthalten sind? Wer kann über das Geldwesen nach eigenen Interessen verfügen? Wie eignet man sich mit dem Instrument Geld von anderen geschaffene Werte an?

Nur die Beantwortung dieser Fragen kann Licht in das Dunkel von Geldmystifizierung bringen. Zwecks Tabuisierung dieser unangenehmen Kernfragen musste die Offenlegung antagonistischer Klasseninteressen und zugrundeliegender ökonomischer Ausbeutungsverhältnisse unterbleiben. Man will auch heute im wissenschaftlichen Mainstream und erst recht in der politischen Öffentlichkeit in der Regel nichts von Ausbeutung hören. Die Begriffe „Klasse", „Klassenkampf" und „Ausbeutung" sind emotions- und ideologiemäßig aufgeladen, werden verteufelt und tabuisiert, um ihre gefährlichen Wahrheiten zu unterdrücken. Heute werden solche Themen als „Verschwörungstheorien" stigmatisiert. Die Grundzusammenhänge sind aber längst eindeutig nachgewiesen, wissenschaftlich definiert und für Gesellschaftsanalysen unabdingbar.

Seit den ersten Klassengesellschaften zivilisierter Stadtstaaten und früher Gottkönigtümer, seit der Bronzezeit vor ca. 5000 Jahren, bis zu der heutigen planetar agierenden Wirtschaftswelt beutete immer eine herrschende Oberklasse die Produzenten der breiten Unterschichten aus, d. h. sie eignete sich deren Arbeitsergebnisse ohne Gegenleistung an und beließ den Arbeitenden gerade genug, um arbeitsfähig zu bleiben. Diese Eliten waren gebildete, gesellschaftliche Herrenkasten, die von ihren Ernährern, denen sie im Nacken saßen, vollständig abhängig waren. Die produzierenden Unterschichten wären ihrerseits allein zurechtgekommen, bzw. wirtschafteten zeitweilig in freien Gebieten tatsächlich unabhängig von ihnen. Die Herrschenden mussten folglich von Anfang an mit allen Mitteln verhindern, dass den Unterklassen diese Tatsachen bewusstwurden. Diesem Zweck diente und dient das Große Tabu, zu dem auch die Verklärung und Verschleierung der wertmäßigen Zusammenhänge um das Geld gehört.

Ich kann an dieser Stelle nicht alle die psychologischen und religiösen Methoden und abstrusen Theorien auflisten, die in der langen Geschichte der Klassengesellschaften ausgedacht wurden, um das Tabu einzuhalten und wirken zu lassen. In den Fragen von Geld und Kapital wurde seit Aristoteles über römische Theoretiker bis hin zu Scholastikern des Mittelalters nach Erklärungen gesucht, in denen die wahren Erzeuger gesellschaftlicher Werte nicht vorkamen. Wir werden am Ende dieser Abhandlung noch sowohl auf die neueste, zu einer Art Religion ausgearbeitete Geldmystifikation (Brodbeck) als auch die nonkonformistische Suche nach einer neuen Geldform im Rahmen eines sozialschwärmerischen zentralistischen Gesellschaftsmodells (Hörmann) zu sprechen kommen.

Die Geldwirtschaft der frühen Neuzeit wurde immer mehr eine Angelegenheit eines vor allem in Montanindustrie und Fernhandel engagierten und Bankgeschäfte betreibenden Besitzbürgertums und der Finanzwirtschaft neuerer, absolutistischer Territorialstaaten. In dieser Zeit bildete sich entsprechend eine kapitalistische Wirtschaftswissenschaft heraus, die das Tabu nun gemäß bürgerlichstaatlicher Interessen merkantilistisch bearbeitete.

Dabei wurden Argumentationsstränge angelegt, die man im Laufe der Jahrhunderte vertiefte, verfeinerte und anpasste und die noch heute eine Basis für tabugetriebene Geldtheorien bilden.

Den früheren Münzherren und ihren Vertretern ging es darum, den wertstifteten Edelmetallgehalt des Münzgeldes zu leugnen und Wert als Ergebnis ihrer angeblichen mystischen Wertsetzungskompetenz hinzustellen, um damit die wirkliche Herkunft des Geldwertes aus wertschöpfender menschlicher Arbeit vergessen zu machen.

Ziel einer modernen, nun ökonomisch verargumentierten Tabu-Version ist es, möglichst jeden inneren, selbst einen mystischen Wert von Geld verschwinden zu lassen und damit die wertschöpfen-den, unteren Bevölkerungsklassen zu einer ökonomisch belanglosen Randerscheinung der Gesellschaft zu machen. Der Wert sollte aus der Erklärung von Geld eliminiert werden, der Eigenwert von Silber und Gold möglichst aus den Theorien verschwinden.

4.3 Die Fehldeutungen der Quantitätstheorie

David Hume (1701–1776), ein schottischer Ökonom und Vordenker der Aufklärung, war einer der ersten, die den Eigenwert des Edelme-talls wegtheoretisierte.

Von alters her war der Preis der Ausdruck des Marktwertes einer Ware. In ihm drückte sich ein bestimmtes Quantum von wertvollem Edelmetall aus. Angesichts unterschiedlichster Währungen konnte dieser Marktwert durch unterschiedliche Münzmengen mit jeweils gleichem Silber- bzw. Goldgehalt, also in unterschiedlichen Münz-preisen angegeben werden.

In der Banknote aus Papier befindet sich zunächst keinerlei Wert, sie hat keinen materiellen Eigenwert. Dieser Papierzettel entwi-ckelte nur als Symbol und Ersatz für Edelmetall Kaufkraft auf den Märkten und im Handel, also in der Welt der Warenverteilung.

Anders als bei der Edelmetallmünze war die Kaufkraft des Geld-scheines von der Menge des zirkulierenden Papiergeldes im Verhält-nis zu der vorhandenen Warenmenge abhängig. Ist im Verhältnis viel Papiergeld im Umlauf, steigen die Preise (Inflation), andernfalls sin-ken sie (Deflation).

Der erste Trick Humes bestand nun darin, Preis gleich Wert zu set-zen. D. h. bei steigendem Papiergeldpreis wurde die Ware angeblich mehr wert und bei sinkendem Preis fiel ihr Wert. Da man die umlau-fende Papiergeldmenge und damit die Preise durch das Drucken von Geldnoten beeinflussen konnte, bedeutet diese Gleichsetzung, dass nach Hume der Wert der Waren aus der Druckmaschine der staat-lich-herrschaftlichen Geldverantwortlichen und ihrer geldemittierenden Institute kam und so gesteuert werden konnte. Hume hatte damit die wertschaffenden Produzenten, die große Masse des arbeitenden Volkes aus allen Überlegungen verschwinden lassen.

Eine Veränderung der Papiergeldmenge und damit der zur Verfügung stehenden Zettelmenge pro Ware veränderte in Wirklichkeit nicht den in der Ware vergegenständlichten Arbeitswert bzw. dessen Anzeiger als Edelmetallwert. Es existierten lediglich mehr oder weniger Zettel für den gleichen Wert. Aber genau dieser Zusammenhang wurde, offensichtlich im Sinne des Großem Tabus, unter den Teppich gekehrt.

Der zweite Trick Humes war, dass er nicht mehr zwischen Papier- und Edelmetallgeld unterschied und allgemein behauptete, dass der Wert der Waren, und nicht nur ihre Preise, sich durch die Menge des umlaufenden Geldes bestimme. Indem man Papier- und Edelmetallgeld, also Geldscheine und Münzen gleichsetzte, unterstellte man, dass Edelmetall gleich Papier nur einen Wert in seiner zirkulierenden Quantität entwickeln würde. Papier oder Silber, Banknote oder Goldmünze es bliebe sich gleich. Silber und Gold brachten nach dieser Theorie keinen Wert mit in die Zirkulationssphäre, sondern erhielten ihn erst dort als Teil der zirkulierenden Geldmenge; eine konstruierte Leugnung der mühsam und aufwendig zu erarbeitenden Montanprodukte Gold und Silber.

Mit diesem Verwirrspiel wurde der entscheidende Aspekt des Papiergeldes wegtheoretisiert, nämlich das, was Papiergeld im Wesen ausmachte: Die papiernen Banknoten waren nur Symbole und simple Gutscheine für Edelmetall, in dessen Eigenwert sich wiederum der Wert menschlicher Arbeit, ein eingearbeiteter Arbeitswert ausdrückt. Wer dem Edelmetall den Eigenwert, der außerhalb der Zirkulation in der Montanwelt seiner Produktion entsteht, absprach, wollte offensichtlich die Existenz eines Arbeitswertes, und mit ihm die Bedeutung der wertschaffenden Klassen leugnen.

Die hier angesprochene Q u a n t i t ä t s t h e o r i e des Geldes steht im Kern noch heute in Blüte. Bei ihr handelt es sich – zusammengefasst – um eine Theorie, die der wirklichen Wertfrage ausweicht und behauptet, Geld bringe keinen Wert mit in die Zirkulationssphäre und Warenpreise hätten nichts mit einem den Produkten von ihren Produzenten eingearbeiteten Wert zu tun, sondern bildeten sich allein aus der umlaufenden Geldmenge und aus der subjektiven Bedürfnisstruktur der Käufer in der Zirkulationssphäre (subjektive Werttheorie).

Wertschöpfung nicht mehr aus dem Produktionsprozess, sondern aus der künstlich veränderbaren, umlaufenden Geldmenge ist eine manipulative Vorstellung ganz im Sinne des Großen Tabus. Die Quantitätstheorie des Geldes war und ist ein ideologischer Rauchvorhang und eine Intrige gegen die wertschaffende, produktiv arbeitende Bevölkerung. Die Schule der „quantitativen Geldtheorie" wird heute auch unter der Bezeichnung „Geldmengen-Preismechanismus" geführt. Sie war und ist eine ideologisch-theoretische Wasserscheide im Verständnis des Geldes.

5 Oben und unten, Gewinner und Verlierer

Bei den Diskussionen um gesellschaftliche Probleme mit dem Geld zerbricht sich die mediale Öffentlichkeit und ein systemkonformer wissenschaftlicher Mainstream in der Regel der Kopf der besitzenden, Reichtum anhäufenden Oberschichten und gegeneinander wirtschaftenden kapitalistischen Machtgruppierungen.

Man darf nicht aus den Augen verlieren, dass über die Jahrtausende der Geschichte des Geldes in allen Ecken der Welt die große Masse der schrift- und leseunkundigen, ungebildeten Bevölkerungen tagtäglich in völliger Abhängigkeit von jeweils herrschenden Klassen schwer für einen kargen Lebensunterhalt arbeiten mussten. Diese Menschen kamen mit dem Geld erst in Berührung, wenn sie ihre Arbeitsprodukte auf lokalen Märkten verkauften – entweder als Sklaven für ihre Herren oder um die Münzen zu bekommen, mit denen sie Teile der feudalen Zwangsabgaben an ihre Grundherren in Geld zahlen konnten oder als noch freie Bauern auf eigene Rechnung.

In den Städten bekamen die gewerblichen Handarbeiter, das Dienstpersonal und Dienstleister wie Träger, Wach- und Stadtpersonal, Soldaten oder Seeleute ihren Lohn, Sold oder Heuer. Das reichte nur für die Ausgaben ihres kleinen Familienlebens und oft nicht einmal dafür. Für sie war ihre Entlohnung der Gegenwert für geleistete Arbeit, war wie selbstverständlich ihr geronnener Arbeitswert.

Auf den lokalen Märkten, gewissermaßen unter sich, kauften und verkauften die einfachen Leute mit gültigem, nennwertmäßig festgelegtem Geld. Für sie war allein wichtig, dass es jeder benutzte und akzeptierte und ihre kleineren Ersparnisse längerfristig ihre Gültigkeit behielten. Aus welchem Material das Geld bestand, war zweitrangig, soweit es seinen Zweck als Tauschvermittler und Wertaufbewahrer erfüllte. Die Erfahrung für gerechten Tausch und zufriedenstellenden Kauf entsprang dem Gefühl, dass sich andere Marktteilnehmer nicht auf ihre Kosten bereicherten.

Insofern funktionierte das alltägliche Wirtschaftsleben der Bevölkerungen mit Nominalgeldmünzen und Papiergutscheinen über längere Zeiträume. Alles was benötigt wurde, waren gesellschaftliche Stabilität und die Durchsetzung des verbindlichen Gebrauchs des Geldes in dessen Währungsraum.

Alle Turbulenzen im Geldwesen gingen von den oberen, besitzenden Klassen aus, wofür es im Wesentlichen zwei Gründe gab, die bewirkten, dass Geld seiner ursprünglichen ökonomischen Aufgabe zweckentfremdet wurde.

Erstens. Während für die arbeitsteilig wirkende Bevölkerung der Warenaustausch untereinander mit Hilfe des Geldes in seinen drei Grundfunktionen (Kap. 2.4) zur Lebensführung gehörte, diente Geld für die nur aneignenden Klassen als ein Mittel der Besitz- und damit der Machtanhäufung.

Zweitens. Während Arbeitssklaven, leibeigene Bauern oder Lohnarbeiter von ihren Grundherren, von den Manufakturisten und den Fabrikanten Individuum für Individuum ausgebeutet wurden (Individualausbeutungswirtschaft), bot das Geldsystem noch zusätzlich Möglichkeiten, kollektive Gewinne aus der Bevölkerung als Ganzer herauszuziehen.

Im Mittelalter geschah das durch die Abmunzung, d. h. die Münzherren bedienten sich am Edelmetall der Münzen, die anderen gehörten. Sie benutzten ihre staatliche Autorität, um allen Geldbesitzern Münzsilber zu veruntreuen.

In den Zeiten von partiell goldgedecktem Papiergeld spielten die Geschäftsleute, Banker, Finanzinstitutionen und herrschende Verwaltungen frei nach David Hume das gefährliche Spiel, so zu tun, als ob die Papiernoten einen eigenständigen Wert darstellten. In diesen gegeneinander konkurrierenden Kreisen ging das mit solcherart zirkulierendem Geld nur gut, solange die Geschäfte liefen. Wenn die Konjunktur durch Überproduktion einbrach oder die Wirtschaft nach Kriegen am Boden lag, blähte sich die Geldmenge sowohl quantitativ als auch relativ zu einer einbrechenden Warenmenge auf.

In solchen Momenten war allen Mitspielern klar, dass man auf Papiergeld nicht sitzenbleiben darf, weil es in zusammenbrechenden Zirkulationskreisläufen wertlos wird. In „rette sich wer kann"-Aktionen wurde versucht, das Papiergeld abzustoßen. Im Zuge des inflationären Zusammenbruchs des Geldsystems strebten alle nach echten Wertanlagen.

Die Gewinner waren diejenigen Besitzenden, das im richtigen Moment ihr Papiergeld „versilbert", d.h. für materielle Werte ausgegeben hatten, solange das Konjunkturspiel noch lief.

Verlierer waren auf jeden Fall die einfachen Leute. Zum einen wurden ihnen ihre geringen Geldmittel, für die sie gearbeitet und die sie angespart hatten, genommen. Zum anderen arbeiteten sie in der Inflation für real sinkende Bezahlung, da sie mit ihrem Lohn in Papiergeld immer weniger kaufen konnten.

Der Zusammenbruch der riskanten Finanzspiele mit zirkulierenden Papierbanknoten zog eine massive Verarmung der unteren besitzarmen Bevölkerungsschichten nach sich. In den oberen Gesellschaftsetagen jedoch fand ein „Bereinigungsprozess" statt, bei dem die langsamsten Player bankrottgingen, die anderen aber als Besitzer wirklicher Werte – Edelmetall, Häuser, Fabriken mit Produktionsanlagen, Schifftonnage, Landgüter und Grundbesitz, etc.– unbeschadet aus dem Geldzusammenbruch hervorgingen.

Bei dem dann folgenden Währungsneuanfang wurde ihr Realbesitz neu bewertet und sie starteten reich und mächtig nach einer Währungsreform durch. Wieder war die breite Bevölkerung kollektiv durch die Besitzelite und ihr Geld- und Finanzsystem massiv geschädigt worden.

6 Immaterielles Buchgeld

Aus dem Wachstums- und Nachschubproblem beim Edelmetallgeld im Spätmittelalter fand sich neben dem Ausweg des Papiergeldes eine weitere Methode, Geldgeschäfte ohne Hartgeld zu tätigen und zu fördern. Im Warengeschäft entwickelte sich die zeitliche Trennung von Erwerb und Bezahlung. Zwischen den Warenbesitzern entstanden Beziehungen von Gläubigern und Schuldnern. Ein anderer Ausdruck hierfür ist „Kredit".

Im Gefolge dieser Entwicklung entstanden das Bilanzierungswesen und Kontokorrentgeschäfte, wobei nun Verbindlichkeiten und Forderungen zu einem Saldo gegeneinander verrechnet wurden. Diese Geldwirtschaft mit zu Rechengeld abstrahierten Geldeinheiten wurde zu einem beherrschenden Element kapitalistischer Banken- und Wirtschaftsordnung.

Die Geschäftsbanken wurden die Geld- und Kapitalzentralen der Volkswirtschaft. Ihre Geschäftskredite wurden zum Katalysator des Vordringens kapitalistisch betriebener Produktion und des unaufhaltsamen Siegeszuges der großen Industrie. Rechen- und Buchgeld überwiegt längst die anderen Geldarten, also die Banknoten und das Münzgeld. Das Giralgeld der Geschäftsbanken ist heute mit Abstand die umfangreichste Geldart in einer Volkswirtschaft.

Mit dem Buchgeld machte das monetäre System eine weitere historische Abstraktion durch. Es war nicht einmal mehr materiell, und sei es nur als Papier, greifbar, sondern existierte in symbolischer, idealisierter Form von Einträgen in Rechnungsbüchern. Dieses Buchgeld besteht aus abstrakten Ziffernfolgen mathematischer Konvention auf verschiedenen Medien wie Papier, elektronischen Datenspeichern und Übertragungsmedien. Es ist seinerseits immaterielles und virtuelles Symbol von Papiergeld, das bereits Symbol von Edelmetallwerten darstellte, welche als jeweils nur partielle Währungsdeckung vorlag, welche ihrerseits durch die Arbeitswerte und Leistungskraft einer Volkswirtschaft gegeben war, sprich durch ihre wertschaffende arbeitende Bevölkerung. Eine schwer zu durchschauende Kette!

Zwischen diesem immateriellen Buchgeld, heute computergene-
riertes Giralgeld, und den Banknoten als Papiergeld bestehen keine
grundsätzlichen Unterschiede. Beide sind letztlich nur Symbole und
Stellvertreter für wirklich existierende, erarbeitete Tauschwerte einer Volkwirtschaft und ihrer produktiven Arbeitnehmer. Dieser
Grundzusammenhang ist allerdings im Laufe der historischen Entwicklung des Geldwesens bis zu seiner heutigen Ausformung immer
abstrakter, komplexer und undurchsichtiger geworden.

Die Stunde der Wahrheit kommt seit Jahrhunderten immer wieder dann, wenn das Kreditwesen und das abstrakte Verrechnungs-
system auf seiner scheinbar immateriellen Ebene in krisenhafte Turbulenzen geraten, wenn die Verrechnungsketten reißen und nicht
einmal mehr Banken sich trauen, miteinander Geschäfte zu machen.
Dann zeigt sich schlaglichtartig gerade in einem Run auf materielle
Werte die Existenz der realen, durch Menschen wertschöpfend erarbeiteten Grundlage jeglicher soliden Geldabstraktion.

7 Währungen mit und ohne Golddeckung

Es machte den Gehalt von Geld in allen seinen Funktionen aus, dass es bis dahin immer über Gold den Realwert des Geldes definierte, angefangen von formlosem Gewichtsgeld über Münzgeld bis hin zum Goldstandard mit Banknoten.

Wie aber Wert in das Gold hineingeriet, musste immer das Geheimnis des Großen Tabus bleiben. Die nur durch Ausbeutung arbeitender Bevölkerungsmehrheiten existierenden Besitzklassen durften die wahren Zusammenhänge niemals zu erkennen geben. Über Jahrtausende hinweg setzten ihre Priester, Denker, Philosophen und Ökonomen Lebenslügen über Wertbildung in die Welt, die alles beinhalten durften, nur nicht die Erklärung der Wertschöpfung einzig und allein durch die gesellschaftliche produktive Arbeit, an der diese Oberschichten nie teilgenommen haben.

Diese Wirtschaftseliten wussten aus eigener Praxis, dass immer Gold und Silber als wahrer Wertbildner und Wertmaßstab bei allen Geschäften dienen konnten. Nur für die breite Bevölkerung wurde dieses Wissen über Nennwerte zum Mysterium gemacht und transzendente Macht zur Werteerschaffung vorgegaukelt.

Für das tagtägliche Wirtschaften kreierte man in währungsbegrenzten Wirtschaftsregionen verbindliche Nominalwertstandards über ausgedünnten Münzen. Diese erfüllten allerdings ihren Zweck, weil das Volk sich nur um die Befriedigung der einfachen Lebensbedürfnisse sorgen konnte und auf kleiner Stufenleiter ihre Produkte austauschte. Machtanhäufung durch Ausbeutung und Krieg, Kolonialgeschäfte großen Stils und die Ausplünderung ganzen Länder und Staaten in einem gnadenlosen Macht- und Konkurrenzkampf gegeneinander war nie Sache der Völker.

Wissen ist Macht und so war dem einfachen, ungebildeten Volk durch die Zeiten wirkliches Wissen unzugänglich. Vor allem durch die etablierten Religionen und eine einschüchternde Herrenmenschenkultur wurde ihm jede Möglichkeit genommen, den wirklichen gesellschaftlichen Zusammenhängen bezüglich Geld und ihrer eigenen zentrale Rolle dabei auf die Spur zu kommen.

Die auf handfesten materiellen Reichtum und der daraus entspringenden Macht fixierten Finanz- und Geschäftsleute sowie Finanzpolitiker sahen immer die Notwendigkeit, nationale Papiernotenwährungen möglichst durch handfeste Goldreserven abzusichern.

In der neuzeitlichen Welt heftig miteinander konkurrierender Weltmächte und weltweiter Blockbildungen wurden die Goldreserven der Länder zu dem zentralen goldenen Kalb, um das die internationalen Begehrlichkeiten kreisten. Da das Edelmetall nach wie vor die einzigen, allgemeingültigen und unverrückbaren Währungswerte darstellte, wurde ihre Aufteilung zwischen den Ländern und der Zugriff auf sie ein sicheres Anzeichen für die Stärke, Stabilität und Vorherrschaft entsprechender nationaler Währungen. Währungsturbulenzen und Verschiebungen von Leitwährungen und Goldreserven waren ein Ausdruck sich ändernder Machtverteilung und politisch-ökonomischer Vorherrschaften bzw. Abhängigkeiten.

In der zweiten Hälfte des 19. Jahrhunderts setzte sich der Goldstandard unter der Dominanz des britischen Empires und der Bank of England durch. Die Reichsmark des 1871 gegründeten neuen deutschen Kaiserreiches finanzierte ihre Golddeckung aus der Ausplünderung Frankreichs durch dessen Reparationszahlungen nach der Niederlage gegen Preußen-Deutschland im Krieg von 1870/71.

In den Kriegswirtschaften während des Ersten Weltkrieges musste überall der Goldstandard ersatzlos ausgesetzt, d.h. jegliche Eintauschbarkeit von Papier zu Gold unterbunden werden, um den sofortigen Krisenausverkauf des Goldes und Zusammenbruch der Währung zu verhindern.

Nach dem Krieg wurde nun Deutschland seinerseits durch massive Reparationszahlungen der Sieger zur Kasse gebeten. Die Zeit zwischen den Weltkriegen sah eine holperige Rückkehr der Länder zum proportionalen, d.h. teilweise deckenden Goldstandard. In der Folge der Depression Anfang der dreißiger Jahre mussten England (1931) und die Vereinigten Staaten (1933) die Goldkonvertibilität erneut aussetzen, ebenso Deutschland und Österreich.

Das internationale geldpolitische Geschehen der Zeit war durch das Spekulationsspiel um Goldreserven und ökonomischen Machtzuwachs über *Beggar-thy-neighbour*-Geldpolitik kennzeichnetet. Die Goldreserven waren in ständiger Bewegung begriffen, je nachdem, wie sich die Zahlungs- und Leistungsbilanzen der Länder entwickelten.

Das eindeutige Ergebnis des 2. Weltkriegs mit den USA als globaler Supermacht schlug sich im internationalen Geldwesen als System von Bretton Woods (Juli 1944) nieder. Der mit Goldstandard ausgestattete US-Dollar wurde die Weltleitwährung. Die internationalen Geschäfte wurden in Dollar abgewickelt und man konnte seine Dollardevisen in Gold konvertieren. Die Welt war der Zentralwährung der amerikanischen Supermacht unterworfen.

Das Grundproblem von Währungen mit gleichem Edelmetallstandard bestand darin, dass damit alle Währungen in einem System fester Wechselkurse eingebunden waren, in dem sie kaum mehr bei Leistungsbilanzveränderungen und Verschiebungen der Zahlungsbilanzen zwischen den Ländern mit Währungsanpassungen (Auf- oder Abwertung) reagieren konnten.

An diesem Grundproblem scheiterte die dollar- und goldbasierte Währungsordnung der Jahrzehnte nach dem zweiten Weltkrieg. Die Probleme wuchsen ins Unbeherrschbare mit US-Leistungsbilanzdefiziten, der Entstehung großer Dollaranhäufungen wirtschaftlich aufholender Staaten und deren Forderung nach Eintausch in US-Goldreserven und deren Abtransport aus den USA.

Die Bretton-Woods-Dollarwelt bracht zusammen, als Richard Nixon am 15. August 1971 über Nacht die Goldbindung des Dollars aufhob und 1973 das System fester Wechselkurse am Ende war. Die Jahrhunderte alte Bindung von Geld an einen real existierenden Wert des Goldes und damit an eine produzierte Ware mit einem erarbeiteten Tauschwert war gekappt worden.

8 Der Ausbeutungsmechanismus der Banken

8.1 Geldschöpfung der privaten Geschäftsbanken

Beschäftigen wir uns genauer mit der Rolle der Banken im Geldgeschäft. Der österreichische Wirtschaftsprofessor Franz Hörmann erklärt uns: „Der größte Teil des Geldes wird nicht von Zentralbanken, sondern von Geschäftsbanken erzeugt und zwar im Rahmen ihrer Kreditvergabe. Geld, das von den Geschäftsbanken „verliehen" wird, wird nämlich im Kredit selbst erst (als Schuld!) erzeugt, es war vorher nicht einmal vorhanden! Dieses Geld besitzt daher auch keinen realen Wert, die einzige „dingliche Sicherheit" stellt die Sicherheit des Kreditnehmers (beim Hypothekenkredit z.b. sein Grundstück) dar, niemals jedoch leistet die Bank irgendeine Form von Sicherheit. Dieses „Kreditgeld" verlangt die Bank, vermehrt um Zinsen, „wieder zurück". Diese Geldschöpfung erfolgt einfach durch Eingabe eines Buchungssatzes in den Computer." [16]

Das stimmt zwar, ist aber nur die halbe Wahrheit. Natürlich kann eine Bank – weder eine Zentralbank mit der Druckmaschine noch eine Geschäftsbank mit einem Buchungssatz – realen materiellen Wert erzeugen. Welche „Sicherheit des Kreditnehmers" aber vermisst Hörmann? Über ihre Privilegierung und die sie stützende Staatsmacht leistet die Bank automatisch die Sicherheit, dass das von ihr erzeugte Giralgeld in der Realität des Wirtschaftsgeschehens als Wert funktioniert und gemäß Nennwert Kaufkraft entfaltet. Die Sicherheit der Bank ist ihre Autorisierung als privilegiertes Kreditinstitut.

Wie schon im Mittelalter die fürstlichen Münzherren für die kleinen Geschäfte der Bevölkerungen Nennwertmünzen in Umlauf brachten, so bringen heute Zentralbanken nennwertbasiertes Banknotengeld in Umlauf, dessen Gültigkeit und Wertgröße bei Strafe eines Zusammenbruchs des Wirtschaftslebens staatlich erzwungen wird. Genauso verhält es sich mit dem heutigen Bankkredit. Die Quelle des deklarierten Wertes ist nicht Mystik, sondern staatliche, d.h. physische, juristische und ideologische Macht zur Durchsetzung der vorgeschriebenen Nennwerte.

Statt als Medium Papier existiert das Geld nun überwiegend in der Cyberwelt von Algorithmen auf elektronischen Datenspeichern. Sobald dieses Nennwertgeld in den normalen Wirtschaftskreislauf kommt, wird es Träger von Tauschwert. Um es zu betonen: Es findet keine überirdische, mysteriöse Wertschöpfung aus dem metaphysischen Nichts statt. Der 100 € Schein ist von der gleichen Geldqualität wie die Zahl 100 auf meinem Girokonto oder die gedruckte 100 auf meiner Gehaltsabrechnung. Das System funktioniert heute nicht mehr über werthaltiges Edelmetall, sondern durch Zentralbankansage und staatliche Obrigkeit.

8.2 Selbstermächtigung durch den Staat

Die entscheidende Voraussetzung für das heutige Wirken der privatwirtschaftlichen Banken ist ein staatlich geschaffenes, sie legitimierendes Rechtssystem und Gesetzeswesen, das sie, neben der Zentralbank, zur alleinigen Herstellung und Herausgabe von Kreditgeld privilegiert und ermächtigt. Sie nehmen damit die historische Rolle von Königen, Fürsten und oligarchisch-plutokratischen Stadtregimen als alleinige Verantwortliche und Gestalter der Währungen ein.

Banken als Kreditinstitute – so definiert das Gesetz[17] – „sind Unternehmen, die Bankgeschäfte gewerbsmäßig oder in einem Umfang betreiben, der einen in kaufmännischer Weise eingerichteten Geschäftsbetrieb erfordert". „Gewerbsmäßig" und „kaufmännisch" bedeuten selbstbezogenes profitorientiertes Wirken. Das Geld als ein zentrales Element gemeinschaftlicher Lebensgestaltung wird den Eigeninteressen einer unkontrollierbaren Finanzgruppe unterworfen, deren Macht durch den Rechtsstaat abgesichert und verteidigt wird. Die Symbiose von Staat und Finanz- und Bankenwirtschaft tritt in der Arbeitsteilung zwischen Zentral- und Geschäftsbanken und der entsprechenden Finanzpolitik des Staates deutlich zutage.

Die Deutsche Bundesbank ist zwar eine Institution des öffentlichen Rechts. Ihr Vorstand wird vom Bundespräsidenten ernannt. Ansonsten gilt: „Die Deutsche Bundesbank ist bei der Ausübung der

Befugnisse, die ihr nach diesem Gesetz zustehen, von Weisungen der Bundesregierung unabhängig." [18] Das bedeutet, dass diese Banker niemandem rechenschaftspflichtig sind und nur noch Gott über sich haben (eventuell noch ihre mächtigeren Konkurrenten von der US-Zentralbank FED). Die stärksten Landeszentralbanken in Europa und die übergeordnete Europäische Zentralbank verantworten die Euro-Währung. Über sie und die anderen Landeszentralbanken werden das Euro-Papiergeld und die umlaufenden Kleinmünzen der EZB emittiert.

Die Gültigkeit eines Geldwertes (Nennwert) und der Benutzungszwang entsprechender Münzen für die Bevölkerung wurden schon immer mit obrigkeitlicher Zwangsgewalt von oben durchgesetzt. Diese Machvollkommenheit und Gestaltungskompetenz in Gelddingen liegen heute jedoch allein in den Händen kleiner Finanzeliten an der Spitze gestaffelter Bankinstitute. Sie sind die Zentren eines nationalen und internationalen Netzwerkes von Beteiligungen und Abhängigkeiten. Diese oberste Gruppierung ist die Taktgeberin staatliche Wirtschaftspolitik und ihrer heutzutage global ausgerichteten ökonomischen und machtpolitischen Ambitionen.

8.3 Die Abzocke der Banken

Kredite beginnen, im Wirtschaftskreislauf umzulaufen. Wenn ein Bauherr einen Baukredit erhält, kauft er von diesem Geld ein Haus bzw. bezahlt Baufirmen mit ihren Bauhandwerkern. Am Ende wird das Giralgeld der Bank zu einer wertvollen Immobilie. Der Kreditnehmer und Bauherr muss nun über 25 und mehr Jahre den Kredit zurückzahlen. Dieses Geld muss er jahraus jahrein in seinem Beruf und an seinem Arbeitsplatz erarbeiten.

Die Kreditsumme kommt nun durch Arbeitsleistung zusammen, entspricht also aus Kreditnehmersicht seinem geronnenen Arbeitswert. Aus der Sicht der Baufirmen und Handwerker ist die Bezahlung ihrer Rechnungen mit Kreditgeld der Gegenwert für ihre erbrachte Arbeit. Es hat ein ganz normales, durch das Kreditgeld vermitteltes Tauschgeschäft stattgefunden: Jahrzehntelange Arbeit eines Bauherrn gegen die Arbeitsleistung der den Hausbau Ausführenden.

Letztlich wurde wie seit Jahrtausenden über das Tauschmittel Geld Arbeit gegen Arbeit getauscht und aufgerechnet.

Bis hierher ist das Ganze auch für die Bank ein Nullsummenspiel – und in der Tat hat sie nicht viel zum Gelingen des realwirtschaftlichen Bauprojektes beigetragen, außer ein paar Buchungsvorgänge und Verwaltung eines Kreditkontos über lange Jahre. Und doch macht sie einen mächtigen Gewinn in Form von Zinszahlungen des Kreditnehmers auf die Kreditsumme. Das Beispiel eines Baukredites über 150.000 € zeigt, dass die Bank bei einer Laufzeit von 25 Jahren über 71.000 € also fast die Hälfte der Darlehenssumme (48 %) kassiert:

Beispielrechnung für einen Baukredit über 150.000 €

Grundlagen	
Darlehensbetrag:	150.000 €
Sollzinssatz p.a.:	3,40%
Tilgungssatz p.a. im ersten Jahr:	2,60%
Dauer der Solleinbindung:	25 Jahre
Laufzeit des Darlehens bis zur Volltilgung	24 J., 6 M.
Ergebnis der Berechnung	
Monatliche Darlehensrate:	750 €
- davon Zinsen	425 €
- davon Tilgung	325 €
Am Ende von 25 Jahren	
Restschuld:	0,00 €
Getilgter Betrag:	150.000 €
Zinszahlungen gesamt:	71.672 €

VERLAUF BAUKREDIT ÜBER 150.000 €

Tilgungsverlauf

kumulierte Zinssumme

LAUFZEIT [JAHRE]

8.4 Das sogenannte Schuldgeld

Ein *enfant terrible* und Querdenker des wirtschaftswissenschaftlichen Mainstreams ist der österreichische ao. Univ.-Prof. an der Wirtschaftsuniversität Wien Dr. Franz Hörmann.

Sein großes Verdienst besteht darin, lehrreich, engagiert und eloquent die Methoden der Banken aufzudecken, die scheinbar „aus dem Nichts" buchungstechnisch über die Vergabe von Krediten Giralgeld erschaffen.[19]

Franz Hörmann nennt das elektronische Kreditgeld der Banken „Schuldgeld", das er als ungedecktes, wertloses, leeres Geld definiert, das nur deshalb funktioniere, weil es eine Sache des Glaubens sei.

Die Frage ist also: Besteht ein in Form von Giralgeld vergebener Kredit aus wertlosem Schuldgeld? Gewinnt dieser Kredit nur deshalb an Wert, weil die Kreditnehmer an seine Werthaltigkeit glauben? Angenommen, alle Leute würden wie Franz Hörmann selbst nicht mehr geldgläubig sein und das Bankenspiel durchschauen. Wäre dann ein Kredit an diese Leute wertlos und ohne jegliche Kaufkraft? Natürlich nicht. Sie müssten sich glaubensunabhängig alle den Kreditkonditionen der Banken unterwerfen. Es geht nicht darum, was die Leute glauben. Wert ist keine Glaubenssache.

Um an Geld und Kapital zu kommen, haben die Bevölkerung, aber auch die realwirtschaftlichen Unternehmen nur die Möglichkeit, bei einer entsprechend autorisierten Bank Kredit zu nehmen. Diese benötigen heutzutage kaum noch Eigendeckung, denn sie sind nicht mehr wie in früheren Zeiten Kapitalsammelstellen, die das bei ihnen aufbewahrte Gold und Geld zur Kreditvergabe ökonomisch sinnvoll weiterverwenden. Das Kreditgeschäft heutiger Banken setzt im Prinzip kaum Eigenkapital voraus, da die Kreditsummen heute buchungstechnisch im Handumdrehen neu entstehen.

Für den normalen Kreditnehmer, den Häuslebauer oder das Unternehmen spielt es im Prinzip keine Rolle, ob ihnen eine Geldsumme auf ihrem Konto gutgeschrieben wird, oder ob die Bank einen Koffer mit der Kreditsumme in Geldscheinen bereitstellt, oder ob ein Sicherheitsdienst einen großen Sack mit Münzgeld vorbeibringt. Entscheidend ist, dass alle drei Geldsorten die gleiche Kaufkraft entfalten, dass der Bauherr die Baumaterialien und die

Bauhandwerker bezahlen oder das Unternehmen sich eine neue Maschine kaufen kann.

Auch bezgl. der Kreditschulden ändert die Rückzahlungsweise des Kredites nichts. Ob man Jahr für Jahr Tilgung und Zins rücküberweist, oder der Bank Geldscheine auf den Tresen blättert, oder ihr Münzen hinzählt, ist unerheblich. Es ist eine Frage der Bequemlichkeit und Handhabbarkeit der jeweiligen Geldform.

8.5 Umverteilung über den Staat

Was für den einzelnen Bankkreditnehmer 25 Jahre lang harte Arbeit bedeutet, sind für eine Bank Peanuts. Bei Geschäftskrediten für größere Unternehmen handelt es sich um ganz andere Größenordnungen und um Zinsgewinne anderen Ausmaßes. Aber auch diese Gelder müssen von den Arbeitnehmern der Firmen kollektiv erarbeitet und an die Banken gezahlt werden.

Auf staatlicher Ebene spielt sich das Abkassieren ohne Gegenleistung auf noch größerer Stufenleiter über Staatsanleihen und Staatsverschuldungen ab. Man hält oder vergrößert das Niveau der Staatsverschuldungen systematisch, indem ablaufende Kredite durch Ausgleichs- und Anschlussverschuldungen ersetzt werden. Das ist politisch gewollt, denn es fließen jährlich riesige Summen aus dem erarbeiteten Steueraufkommen der Bevölkerung in die privaten Taschen der Banken.

So etwas spielt sich nicht nur im Inland, sondern auch im internationalen Maßstab zwischen ganzen Volkswirtschaften ab. Die deutsche Wirtschaft konnte in den Jahren einer gemeinsamen Euro-Währung einen gewaltigen Handelsbilanzüberschuss („Exportweltmeister") erwirtschaften. Das heißt. dass große Euro-Geldmengen nach Deutschland gespült wurden, die als Kredite (Staatsanleihen) zurückflossen und die Mehrheit der europäischen, vor allem südeuropäischen Staaten zu Schuldnerländern der deutschen Gläubigerbanken gemacht haben. Und wieder fließen gewaltige Zinszahlungen an Anleihen kreditierende Banken, die von den ausländischen, steuerzahlenden Arbeitnehmern aufzubringen sind.

Da die Banker der EZB und die Finanz- und Wirtschaftspolitiker als Schutzgeister globalisierter privater Bankinteressen auftreten[20], sind diese internationalen Staatsverschuldungsgeschäfte eine risikolose Angelegenheit. Wenn korrupte Politiker das internationale Kapital ins Land holen und z. B. in Griechenland Staatskredite auflegen, deren Rückzahlung von vornherein unwahrscheinlich ist, und die Bevölkerung selbst unter größtem, sie in Verarmung und Elend treibenden Spardruck nicht für die Schulden aufkommen kann, werden diese Anleihen zu faulen Krediten. Den privaten Bankunternehmen werden von Staat und EZB diese faulen Kredite abgekauft und über „Rettungsschirme" abgesichert, d.h. mit den Steuergeldern anderer Länder. Man quetscht also die Bevölkerung von Schuldnerländern bis aufs Blut aus, und sichert seine Profite, wenn nichts mehr zu holen ist, mit der Arbeitsleistung der Steuerzahler anderer EU-Länder ab.

Das ist konzertierte, risikolose Bereicherung der Finanzelite auf Kosten von Millionen Menschen, die mit ihrer Arbeit die Kredit- und Zinssummen im Wesentlichen ohne Gegenleistung erarbeiten, denn Staatsanleihen sind kein projektbezogenes Investitionskapital. Sie ähneln vielmehr mittelalterlichen Wucherkrediten an Fürsten, bei denen der Zweck keine Rolle spielte, sofern der Mächtige die Rückzahlung zusagte und lukrative Privilegien gewährte.

9 Die endgültige Instrumentalisierung von Geld

9.1 Ein transnationales Banken- und Finanzsystem

In den früheren Zeiten, als sich die Geld- und Finanzwirtschaft mit Edelmetallgeld herausbildete, konnten Banken kein Geld herstellen. Die Geldproduktion war das Handwerk und Gewerbe von Monetaren. Sie fand hoheitlich, meist unter Ausschluss der Öffentlichkeit, in den Münzstätten der Fürsten statt. Wenn eine Bank Kredite vergab, ging das nur mit den realen Einlagerungen fremden Geldes in dieser Bank. Auch hoheitlich in speziellen Druckereien hergestelltes Papiergeld konnte eine Bank nur über real vorrätige Depositen ihrer Kunden kreditieren, bzw. über „Banknotennachschub" in Form von Krediten der übergeordneten Nationalbank.

Das hat sich nun im elektronischen Zeitalter grundlegend verändert. Was früher nur zentralisiert, staatlich-hoheitlich an speziellen Produktionsstätten erfolgte, kann im Prinzip jeder mit seinem PC und einer entsprechenden Software ausführen, nämlich Zahlen mit Währungszeichen irgendwo eintragen und abrechnen.

Damit neben der Zentralbank n u r die privatwirtschaftlichen Banker Geld schöpfen können, müssen sie autorisiert, d. h. mit einem hoheitlichen Geldprivileg ausgestattet sein, was ihnen etwas erlaubt, was allen anderen verboten ist. Dazu bedarf es eines Staates, der diese Privilegierung gewährleistet und dafür zu sorgen hat, dass diese Verhältnisse mit allen Mitteln der Staatsmacht garantiert werden und erhalten bleiben. Die von Weisungen der Politik unabhängigen, Geldnorm setzenden Zentralbanken befinden sich oft in besitzmäßiger Vernetzung und Verfügung der großen Banken. Wir haben es also mit einer Art Selbstautorisierung der Bankenelite mit Hilfe einer mit ihnen vernetzten und mit ihren Interessenvertretern durchsetzten Staatsmacht zu tun.

Das Geld und die Währungen sind ein unkontrollierbarer, machtpolitischer Spielball einer Finanzelite oberhalb von Einzelstaaten geworden. Mit ihren Institutionen wie dem IWF (Internationaler Wäh-

---

BANK FÜR INTERNATIONALEN ZAHLUNGSAUSGLEICH (BIZ)

Sie besitzt die Rechtsform einer Aktiengesellschaft, deren Aktien von den Zentralbanken der Mitgliedstaaten gehalten werden. Heute sind fast alle europäischen Staaten, die USA, Kanada, Japan, Australien und Südafrika Mitglied. Sie wurde ursprünglich zur Abwicklung der Reparationszahlungen Deutschlands aus dem 1. Weltkrieg gegründet, *„hatte sich nach dem Wegfall der Reparationen aber mehr und mehr zu einer Schaltstelle für internationale Finanztransaktionen zwischen Regierungen entwickelt.“* [21] Diese »Zentralbank aller Zentralbanken« ist heute maßgebende Autorität neoliberaler Deregulierung der Banken- und Finanzwelt (Regeln für den Bankverkehr: Basel I, II & III).

„In Basel sitzt die mächtigste unbekannte Bank der Welt. Hier wird beschlossen, wonach sich jede Bank richten muss. Hier sprechen Notenbank-Präsidenten über die Dummheit von Finanzministern, aber auch über Dinge, die die Finanzmärkte der Welt bewegen. [...] Die Öffentlichkeit erfährt von den dort besprochenen Inhalten beinahe nichts, nicht einmal Anwesenheitslisten werden regelmäßig veröffentlicht. Dazu kommt, dass die BIZ in der Schweiz auch noch außerhalb des Gesetzes steht. Kein Polizist, kein Staatsanwalt darf hier durchgreifen; für Ordnung sorgt der Sicherheitsdienst, die Offiziellen der Bank sind lebenslang immun vor dem Gesetz.“ [22]

---

rungsfonds), der Weltbank und der BIZ (Bank für Internationalen Zahlungsausgleich) gibt eine kaum sichtbare, tief im Hintergrund und global agierende Währungs- und Finanzspitze die Marschrichtung in der Weltwährungsordnung für die Zentralbanken der Einzelländer vor. Diese setzen das gegenüber den Geschäfts- und Investmentbanken ihres Wirkungsbereichs um. Im Besonderen die Maßnahmen der mächtigsten und einflussreichsten aller Zentralbanken, der US-amerikanischen Notenbank (FED) fungierten quasi als Gottesentscheidungen für die Weltwirtschaft, inzwischen ergänzt durch Neben- und Konkurrenzzentralen wie der EZB (Europäische Zentralbank) und der chinesischen PBC[23].

INTERNATIONALER WÄHRUNGSFONDS (IWF) UND WELTBANK

Der IWF wurde zusammen mit der Weltbank im Juli 1944 auf der Währungs- und Finanzkonferenz der Gründungsmitglieder der Vereinten Nationen in Bretton Woods (USA) beschlossen. Unter der Vorherrschaft der USA (ihr mit Abstand höchste Beitrag sichert den USA Sperrminorität und Vetorecht) fungiert er als »Kreditgeber letzter Instanz«. „Wann immer irgendwo auf der Welt ein Land in Zahlungsschwierigkeiten geriet und kommerzielle Banken zögerten, ihm Kredite zu geben, war der IWF zur Stelle. Allerdings handelte er dabei nicht als Wohltäter, sondern im Stile eines Pfandleihers, der die Hilflosigkeit eines in Not Geratenen zum eigenen Vorteil ausnutzt." [24] Die Kredite und Programme des IWF sollen Wirtschafts- und Finanzprobleme im Sinne einer Dollar-getriebenen Weltfinanzordnung angehen und sind an wirtschaftspolitische Auflagen gekoppelt. Der IWF greift tief in die Souveränität von Staaten ein und erzwingt Austeritätspolitik gegen die Bevölkerungen betroffener Länder zwecks finanzsystemischer Stabilisierung.

In der Nachkriegsperiode wandten sich immer größere Teile der Dritten Welt von den ehemaligen Kolonialmächten ab. Dagegen gingen die großen Industriestaaten unter der Führung der USA vor, die die Weltbank und den IWF instrumentalisierten. Auch die Projekte der Weltbank waren stark politisch gefärbt. Es geht vor allem um die Eindämmung von Bewegungen, welche die Dominanz der großen Wirtschaftsmächte in Frage stellen, d.h. politische Parteilichkeit gegen antikolonialistische Länder und Unterstützung von Marionettendiktaturen. [25]

Die im Spinnennetz internationaler Verflechtungen und Verpflichtungen gefangenen Bevölkerungen der Einzelstaaten müssen sich unterwerfen oder der Kredit- und Geldautomatenhahn wird ihnen abgedreht mit der Folge des wirtschaftlichen Zusammenbruchs. Die Beispiele Griechenlands und Zyperns sind diesbezüglich Lehrstücke.

9.2 Bargeldlose elektronische Fußfesseln

Der Weg des Geldes zu einem umfassenden Werkzeug von Ausbeutung und zu einer Big Brother-Herrschaft über einen gläsernen Menschen ist noch nicht zu Ende.

Wir erleben momentan den Übergang zu einer letzten, überhaupt denkbaren Etappe der Geldentwicklung von einer frühen Errungenschaft des gesellschaftlichen Austausches hin zu einem zerstörerischen Medium für jegliche offenen und demokratischen Ansätze gesellschaftlichen Zusammenlebens: die Abschaffung des Bargeldes, d.h. des Papier- und Münzgeldes und der alleinigen Existenz von elektronischem Geld auf Zwangskonten von privatwirtschaftlichen Bankunternehmen.

Aus der Sicht der Finanzeliten hat das nur Herrschafts- und Rationalisierungsvorteile. Kosten für Mehrfachgeldsysteme, d.h. Transformationen und Unterhalt von Währungen können fortfallen. Einzelstaatliche oder Separatwährungen werden der Vergangenheit angehören. Die Etablierung von elektronischem Weltgeld wird die Knebelung von Kontinenten und Wirtschaftsregionen durch wenige Metropolen der Weltwirtschaft verfestigen. Ein Run auf materielle Werte und Konvertierung von Papiergeld in Gold, Immobilien, etc. kann nicht mehr stattfinden.

Diese Umlaufform des Geldes zwingt jeden Einzelnen, sich über Internet und elektronische Endgeräte wie Smartphones oder später vielleicht auch flächendeckend implantierte Mikroelektronik,[26] immer und überall zu identifizieren und so alle seine Aktivitäten zeitlich, ortsgebunden und mengenmäßig offenzulegen. Das Geld wird zu einer elektronischen Fußfessel des Menschen. Eine solche Big Brother-Gesellschaft hält alle Menschen unter Beobachtung und kann sie jederzeit quasi unter Quarantäne stellen.

Die Systemadministratoren und die konzertierte Macht internationaler Banken und Geheimdienste, Polizeiapparate und staatliche, politische und wirtschaftliche Steuerungsapparate können absolute Kontrolle über jedes Individuum erlangen, denn man kann eine lückenlose Durchleuchtung auf den einzelnen Kontoinhaber herunterbrechen und gezielten Anpassungsdruck erzeugen.

Finanz- und Geld-Big Brothers erlangen die Macht, durch einfache Sperrung von Cybergeldkonten Menschen regelrecht auszuschalten und ihnen praktisch die gesellschaftliche Existenz und das Lebensrecht zu entziehen.

In der sich abzeichnenden Welt werden die finanztechnischen Oberaufseher in der vernetzten Konzernwelt von Bankenholdings und staatlichen Institutionen die letzten Reste von Demokratie und Mitbestimmung fallen lassen. Der repräsentative, parlamentarische, so kostspielige Nationalstaat könnte als Politluxus fortfallen.

Die Geld- und Kontofesselung der einfachen Bevölkerung wird nicht nur bei gezielten Disziplinierungen über die Drohung mit Kontosperrung wirksam. In den bevorstehenden, unvermeidlichen, schweren Wirtschaftskrisen, beim Platzen neuer Finanzblasen, beim Zusammenbruch von Handels- und Finanznetzwerken und internationaler Arbeitsteilung wird es zu massenhaften Unternehmens- und Bankenzusammenbrüchen und Zahlungsunfähigkeit von Staaten kommen.

Auf die einzige, noch existierende gesellschaftliche Nabenschnur der Menschen, auf ihr Konto, werden keine Lohn-, Gehalts-, Renten und Pensionszahlungen mehr eingehen. Mit dem alternativlosen, bargeldlosen, elektronischen Buchgeld werden sie noch hilfloser in den Strudel eines zusammenbrechenden Weltwirtschafts- und Finanzsystems gerissen.

In diesem Fall werden staatliche Gewaltapparate, private Sicherheitsdienste und Söldnertruppen die Aufgabe haben, gewaltsam gegen alle unabhängigen Projekte, basisdemokratischen Zusammenschlüsse, alternativen Wirtschaftsformen und lokal und regional aus der perfektionierten Finanzdiktatur ausgestiegenen Gebiete mit eigenen Geld- und Verteilungsarten vorzugehen. Es wird ein harter Kampf gegen eine rasant abwirtschaftende Finanzoligarchie und ihre immer gewalttätigeren, autoritären Regime werden.

10 Klassengesellschaften und Ausbeutung

Um die ganze Tragweite dessen, was sich heute als plutokratisches Bankensystem abspielt, zu erfassen, muss man diese spezifische Wirtschaft in die historische Kontinuität von gesellschaftlicher Ausbeutung generell einordnen. Das Abkassieren der Banken mit elektronischem Giralgeld ist nur eine der angewandten Umverteilungsmethoden in der heutigen Welt.

Die ununterbrochene Umverteilung der Werte und des Reichtums dieser Welt funktioniert durch Ausbeutung. Sie hat den Jahrtausenden seit der Entstehung von Zivilisationen geradezu ihren Stempel aufgedrückt, denn alle staatsbasierten Gesellschaften ohne Ausnahme spalteten und spalten sich immer in ausbeutende und ausgebeutete ökonomische Klassen auf.

Der „Normalfall" in dieser historischen Menschheitsepoche war immer die direkte Unterwerfung der aktiven Produzenten. In staatlichen Zwangssystemen wurden durch physische Bedrohung und seelisch-religiöse Abhängigkeiten die produzierenden Menschen gezwungen, die Überschüsse ihrer Arbeit ohne Gegenleistung abzuliefern. Die Methoden richteten sich nach den jeweiligen Produktionsbedingungen und den gesellschaftlichen Verhältnissen.

Sklaven wurden vor allem im Altertum, aber auch noch bis in die Neuzeit hinein, als sprechendes Arbeitsvieh angesehen, die wie dieses versorgt werden mussten und ansonsten für ihre Besitzer zu arbeiten hatten. Unterjochte Völker hatten erarbeitete Werte kollektiv als Tribute abzuliefern. Die Leibeigenen des Feudalsystems waren untrennbarer Bestandteil des landwirtschaftlichen Produktionssystems Mensch/Boden. Sie waren an den Grundbesitz der Herren gefesselt und wurden durch die Zwangs- und Strafgewalt der Grundherren und den Zwangsapparat des Staates in Hörigkeit gezwungen und gehalten.

Der Kapitalismus verfeinerte die direkte Ausbeutung durch eine Produktionsweise, in der der arbeitsfähige Mensch sich selbst als Arbeitskraft − seiner einzigen, ihm zur Verfügung stehenden Ware −

verkaufen muss, um zu leben. Als Lohnabhängiger ist er eine Kapitalinvestition, die mehr Wert zu schaffen in der Lage ist, als mit seinem Vertragslohn abgedeckt ist. Der darüberhinausgehende Mehrwert seiner Arbeitskraft gehört dem Arbeitgeber.

Das kapitalistische Unternehmen muss von dem Gewinn die Zinsen für die Kredite bezahlen, die es von den Banken erhalten hat, um die Produktion in einem Umfang aufzuziehen, die seine eigenen Finanzmittel übersteigen. Der Unternehmensgewinn wird also in der Regel noch zwischen Unternehmer und Bankier in Profit und Zins aufgeteilt. Die Geld- und Finanzwirtschaft ermöglicht über Bankkredite eine konzertierte Abschöpfung des Mehrwerts einer schaffenden Arbeitsbevölkerung durch Unternehmen und Banken.

Die Ausbeutung in früheren Etappen der Klassengesellschaft wurde in der neuzeitlichen Epoche der Weltgeschichte durch die Kapitalwirtschaft in einer nie dagewesenen Weise perfektioniert. Durch Kapitalkonzentrations- und Zentralisationsprozesse hat sich ein globaler Monopol- und Finanzkapitalismus herausgebildet, der heute in einer neoliberalen Endphase dabei ist, den Planeten und die menschliche Gesellschaft zu ruinieren. Das System lebt von hemmungsloser Ausbeutung und sinnloser Reichtums- und Machtanhäufung um ihrer selbst willen.

Durch die gesamte Epoche der Klassengesellschaften zieht sich von ihrer Entstehung bis zur heutigen Zeit ein Grundschema durch:

a. Der Sklavenhalter leistete nichts für die Mehrarbeit seiner Sklaven. Die Voraussetzungen für diesen Zustand waren ein Staat und eine Rechtsordnung, die seinen Menschenbesitz und dessen Ausbeutung sanktionierte, privilegierte und durch staatliche Zwangsgewalt absicherte.

b. Der Feudalherr leistete nichts für die umfangreichen Zwangsabgaben seiner Leibeigenen. Die Voraussetzungen dafür waren ein Staat und eine Rechtsordnung, die seine Herrschaft über die Bauern und ihre Ausbeutung privilegierte und durch feudalstaatlich-ritterliche, später auch polizeilich-militärische Gewalt absicherte.

c. Der kapitalistische Unternehmer leistet nichts für den einbehaltenen Mehrwert seiner Angestellten und Arbeiter. Dafür ist ein Staat mit einer Rechtsordnung und polizeilich-militärischen Gewaltapparaten nötig, der ein System absichert, das es einem Kapitalbesitzer ermöglicht, Menschen zu kapitalisieren, also Lohn- und Gehaltsarbeit auszubeuten.

d. Der Bankier leistet nichts für die als Zins erarbeiteten Werte der Kreditnehmer. Die Voraussetzung für diese Möglichkeit ist eine Weltwirtschaftsordnung, die durch supranationale Rechtsordnung und monopolisierte IT- und Softwaremacht die Ausbeutung durch die Banken privilegiert und durch staatlich-militärische Gewaltkomplexe und private Sicherheit- und Söldnerkampftruppen abgesichert.

Um fremden Arbeitswert umzuverteilen, also Ausbeutung zu betreiben, benötigten die kleinen herrschenden Eliten einen Staat. Dieser hatte vor allem ihre Besitzordnung zu schützen. Die zugehörige Rechtsordnung setzte immer das Recht der militärischen Sieger, ökonomisch Besitzenden und politisch Herrschenden um. Er hielt immer die Massen der Besitzlosen in Abhängigkeit und Unterordnung.

Das ist das sozio-ökonomische Grundschema der Geschichte. Wenn man es bei der Betrachtung von Geld außer Acht lässt, ist einem der Weg zu einer rationalen Erklärung, weshalb Giralgeld „aus dem Nichts" entsteht und doch als ein werthaltiges Ausbeutungsmittel verwendet werden kann, verbaut.

Man trichtert Ökonomiestudenten Dogmen und mathematische Modelle ein, die die reale Welt passend normieren und verkürzen und deren Vorhersagewert regelmäßig an den gesellschaftlichen Realitäten scheitert. Man macht aus der Ökonomie eine Hilfswissenschaft des Kapitals und aus sich selbst Unternehmensberater.

Selbst kritisch eingestellte, im Netzwerk eines Mainstreams eingebundene Wissenschaftler stehen vor dem Dilemma, nonkonformistische Theorien nur am Grundschema vorbei unter Wahrung des Großen Tabus erarbeiten zu können, wollen sie nicht Wahrnehmung und Einfluss auf das Spiel setzen.

Man konstruiert sich folglich eine einsichtsvolle Welt, in der keine von ihrem Privatbesitz gesteuerten Klassen und keine abgrundtiefen Antagonismen die Gesellschaft zerrütten. Ungerechtigkeiten dieser Welt werden mit den egoistischen Unzulänglichkeiten und der Unwissenheit des Menschen an sich begründet. In diesem Zusammenhang muss ich auf den Wiener Professor Franz Hörmann zu sprechen kommen, der scheinradikale, verführerisch-alternative Perspektiven anpreist.

Oder man präsentiert intellektualistisch gekonnt und mit philosophischen Weihen mystisch-religiöse Dogmen. Das Fundament der Klassengesellschaft, die Einverleibung von Arbeitswert fremder Menschen ohne wertschaffende Eigenleistung, wird zu einem überirdischen, göttlichen Ratschluss umgedeutet. Wir haben es dann mit einer modernen Religionsstiftung zu tun. Beispielhaft werde ich in diesem Zusammenhang auf den Ökonomen Karl-Heinz Brodbeck zu sprechen kommen (Kap. 13).

11 Hörmanns schöne neue Global Brain-Welt

Es ist oben festgestellt worden, dass mit dem immateriellen, elektronischen Buchgeld die maximale Abstraktionsstufe von Geld erreicht wurde. Das Verschwinden von Papier- und Münzgeld wäre der vollständige Sieg des Buchgeldes als modernem Computergeld. Damit geht eine existentielle Abhängigkeit des Einzelmenschen von Bankenwelt und Staat über ein Zwangskonto einher.

Der bereits erwähnte österreichische Wirtschaftsprofessor Franz Hörmann[27] will nun nach eigenem Bekunden eine von der Bankenherrschaft unabhängige, freie Gesellschaft ohne Aufhäufung von Reichtum und gegenseitiger Ausbeutung möglich machen. Er skizziert allerdings eine Gesellschaft, in der bestehende Besitz- und Machtverhältnisse unangetastet bleiben. Den Menschen verspricht er zugleich eine basisdemokratische, selbstbestimmte, friedliche Perspektive.

11.1 Lebenscoaches und die Big Brother-Bank

Er kappt jede direkte ökonomische Beziehung zwischen den wirtschaftenden Menschen, die selbst beim direkten Kauf und Verkauf nichts mehr miteinander zu tun haben. *„Jeder Mensch schließt einen Gesellschaftsvertrag mit der gesamten Gemeinschaft (dem sozialen Netz, der „Demokratischen Nationalbank") ab".* Alle Einzelmenschen arbeiten sternförmig dieser Zentralbank zu, die die Millionen einzelner Lebenskonten mit Hilfe von den Kontoinhabern zugewiesenen Coaches verwaltet, koordiniert und abrechnet.

Die Bank wird durch Bankmitarbeiter, die sogenannten privaten Lebenscoaches vertreten. Jeder Mensch muss einen Coach haben, von denen Hörmann schwärmt: *„Vor allem in der Zeit des Paradigmenwechsels, aber auch danach sollten alle Menschen von einem einfühlsamen, erfahrenen Freund/Freundin begleitet werden, der als Lebensziel 25 – 30 andere Menschen dabei unterstützen soll, ihr persönliches Potential zu entfalten. Der Begriff des Coachings ist heute sehr schillernd, für Führungskräfte in Unternehmen aber beinahe* *schon üblich. Für unsere Zwecke wäre jedoch das sog. Life Coaching passender."* [28]

Es ergibt sich rechnerisch für Deutschland eine Schicht von ca. 3 Mill. Leuten (ca. 3,8 % der Bevölkerung). Sie setzt sich aus psychologisch geschulten Nationalbankmitarbeitern, alten Führungskräften, Lehrern und Therapeuten aller Art zusammen. Diese Schicht persönlicher Lebenscoaches sind gewissermaßen Eingeweihte des Systems, die ihrerseits von Obereingeweihten gecoacht werden.

Die Masse der Bevölkerung sei unwissend, ungebildet, wisse nicht, was für sie gut sei und müsse von diesen Coaches an die Hand genommen werden, die ihnen zeigen, wie Selbstverwaltung und Basisdemokratie funktionieren. Hörmann präsentiert eigentlich nichts anderes als eine Gesellschaft mit einer abgewandelten Klassenstruktur. Er präsentiert eine über einen spinnennetzförmigen Zentralcomputer kontrollierte *„Big Brother is watching you"* – Gesellschaft, von der er behauptet, sie wäre „ein neues, kooperatives und selbstbestimmtes Gesellschaftssystem" [29] voll glücklicher Individuen.[30]

Laut Hörmann konzentriert sich in der Bank, die „gesamte Gemeinschaft", sie ist die Gesellschaftsmittelpunkt. Diese Superbank ist damit der Big Brother und später dann der Global Brain der Menschheit.[31] Sie wird zwangsläufig die Position einer unkontrollierbaren Oberinstanz über separierte Menschen einnehmen. Die Betreiber der Bank dürften die eigentlichen Oligarchen und Mächtigen werden – assistiert einerseits von Systemadministratoren der Megacomputer, den Experten für Zwangsalgorithmen und Internetkommunikation und andererseits von einer Oberschicht von Lebenscoaches als gesellschaftliche Stütze dieses Systems.

Hörmann setzt an den bestehenden Trends heutiger Geldwirtschaft, neoliberaler Wirtschafts- und Finanzzentralisation und der Revolution des Informationszeitalters an und entwickelt daraus eine Klassengesellschaft der Zukunft, die dem Drehbuch eines Science-Fiction Films entnommen sein könnte.

Hörmann sieht eine „Demokratische Nationalbank" vor, wobei es offenbleibt, was an ihr „demokratisch" sein soll. Da er von

N a t i o n a l bank spricht, geht er auch von weiter existierenden Nationalstaaten aus und er spricht von Behörden, Mitarbeitern der Finanzämter sowie Buchhaltern und Abteilungsleitern in Unternehmen, die im neuen Hörmann-System ihre Geisteshaltung ändern – also ein neuer Geist in alten Strukturen.

Wieviel unlogische Fantasy bei Hörmann im Spiel ist, zeigt sich auch daran, dass er die bestehende Klassengesellschaft nicht wirklich verändert wissen will. Der Kern ist, dass sich in seiner Welt nichts an den bestehenden Eigentumsverhältnissen und der bestehenden Struktur von Staat, Rechtsordnung und zentraler Zwangsgewalt ändert.

11.2 Die Besitzelite ins Boot holen

Was passiert mit den Bankern, etwa den Vorständen von Goldman & Sachs oder der Deutschen Bank, den Staatskrediteuren von IWF und Weltbank, usw., die das Weltfinanzsystem beherrschen, der Welt existentielle Krisen bescheren und deren gnadenloser Egoismus den Planeten ruiniert?

Hörmann sieht die Großbanken bei den zukünftigen großen Projekten neuer Verrechnungskreise mit im Boot. Sie werden auch in der neuen Welt am Ruder bleiben und es gilt: *„Den Banken nimmt niemand etwas weg",*[32] ja mehr noch, Banken können eigene Erträge und Eigenkapital erwirtschaften.[33] Es geht darum, *„den systemtragenden Kräften, also Banken z.B. [zu] sagen wie sie künftig Geld verdienen können"* [34]. Hörmann will Banken aus der *„Buhmann-Situation"* herausbringen. Sie sollen in seinem neuen System angesehen, hochgeschätzt und geachtet sein.[35] Mit seiner zunächst kleinteilig angedachten Selbstverwaltung will Hörmann die Banken motivieren, sich diese anzuschauen, *„um neue Geschäftsfelder zu erkunden, wo wir möglicherweise mehr verdienen können als heute, aber so, dass die anderen uns dann nicht böse sind, wenn sie das zahlen."* [36] Noch mehr als heute? Eine ungute Perspektive für alternative Selbstverwaltungsprojekte.

Aber Hörmann umwirbt nicht nur die Banker. Auch den heutigen Führungskräften, den Managern in Unternehmen baut er goldene

Brücken: *„Dann werden die Menschen, die jetzt eine Führungsrolle in unserem System haben, mit anderen Instrumenten und auf andere Art und Weise Führungsrollen erfüllen".*[37]

Hörmann macht sich weniger Sorgen um Millionen von Arbeitslosen und steigender Armut im Land, um Perspektivlosigkeit der Jugend und Zukunftsangst der Älteren oder wegen eines bereits existierenden Weltwirtschaftskriegs ganzer Blöcke in einer an allen Enden knirschenden Welt.

Er beruhigt die eventuell skeptische Besitzelite der Profiteure und Finanzjongleure im Land: *„All jenen Personen, welche bisher vom bestehenden System profitiert haben"*, so Hörmann und Pregetter in ihrem Buch, *„sei jedoch gesagt, dass kein Grund zur Furcht besteht, denn es gibt ein unbegrenztes Spektrum möglicher Gesellschafts- und Wirtschaftssysteme".*[38] Das behaupten sie einfach. Vom Standpunkt eines Wirtschaftshistorikers ist diese Behauptung aber definitiv falsch.

11.3 Propagandist des „Dritten Weges"

Sie fahren fort: *„Die alte Propagandalüge des Systemdualismus, nur Kapitalismus oder Kommunismus wären denkbar, wird dann besonders gefährlich, wenn ihre Erfinder selbst darauf hereinfallen."* Gefährlich wird es in der Tat, wenn wie zu allen Zeiten der Klassenauseinandersetzungen in der Geschichte immer wieder Leute mit Theorien vom friedlichen, reformistischen dritten Weg des Vertrauens in die Menschlichkeit und Einsichtigkeit von Herrschenden auftauchen.

Das drücken Hörmann/Pregetter wie folgt aus: *„Wenn wir als gemeinsame Weltbevölkerung die Vergangenheit auf sich beruhen lassen, keine Sündenböcke suchen und keinen Verschwörungstheorien anhängen, sondern einfach auf diese bisher ungenützten Möglichkeiten neugierig sind und uns in gegenseitiger Unterstützung gemeinsam auf den Weg machen, so kann daraus eine neue, geeinte Menschheit hervorgehen, welche unbegrenztes Wachstum in der geistigen Welt erleben wird. Dafür kann ein leistungsgedecktes Geltsystem [Gelt wie ‚gelten'] als rein elektronisches Netzwerk ein geeigneter Ausgangspunkt sein."* [39]

Es gab in der Geschichte der Klassenauseinandersetzungen immer Propagandisten eines dritten Weges des friedlichen Ausgleichs zwischen sich gegenseitig bedingenden und doch unversöhnlichen gesellschaftlichen Klassen und der Ablenkung von den innergesellschaftlichen Abgründen. Diese Vorstellungen von „Dritten Wegen" entpuppten sich regelmäßig als Fake, als ideologische Sackgasse für die unteren Klassen bis hin zum Schüren von falschen Hoffnungen auf paradiesische Zustände. Am wirkungsvollsten sind damit in der Geschichte die großen Weltreligionen und ihre hierarchischen und professionellen Machtapparate tätig.

Ebenfalls nicht neu sind die Versuche, der Gewaltbedrohung und Ausbeutung durch herrschende Eliten mit Gutmenschentum zu begegnen, d. h. durch besonders friedfertiges, gewaltfreies und verständnisvolles Verhalten die Herrschenden zu beeindrucken und zur Umkehr voll Reue und Empathie zu bewegen.

Es gab auch die Ideologen, die den „dritten Weg" von dem gemeinsamen Gesellschaftsboot oberhalb der ökonomischen Klassen und jenseits der Ausbeutung propagieren. Sie redeten der Klassenversöhnung das Wort, um in der gesellschaftlichen Wirklichkeit die arbeitende Bevölkerung weiterer Ausbeutung auszusetzen. Ich denke dabei z. B. an den Dienst, den die Sozialdemokratie und die Gewerkschaftsführungen mit der Theorie und Praxis der Sozialpartnerschaft dem Kapitalismus leisten.

Franz Hörmann ist ein Dritter-Weg-Propagandist, der Kapitalismus und Kommunismus als Systeme des Kollektivismus brandmarkt und dagegen sein Gesellschaftssystem eines *„auf Kooperation und Liebe basierenden Individualismus"* setzt.[40] Es ist unernst und für einen Ökonomen bedenklich, dem Kapitalismus mit seinem Wolfsgesetz des Wirtschaftskampfes bis zur Ausschaltung der Konkurrenten und dem goldenen Kalb egoistischer privater Kapitalvermehrung irgendeinen Kollektivismus zu unterstellen.

Franz Hörmann konstruiert mit seinem *Kooperativen Individualismus* ein System, in dem jeder ein Ein-Mann-Unternehmer seiner selbst ist und es keine unselbständigen Beschäftigten mehr gibt.

Aber das läuft leider nicht auf eine friedliche Welt kooperativer, genossenschaftlicher und selbstbestimmter Zusammenarbeit der Bevölkerung hinaus. Er hätte nicht einplanen dürfen, die Banker, die Besitzelite und den bestehenden Staatsapparat mit dem formaldemokratischen parlamentarischen Frontend mit ins Boot zu holen und jeden unter die Obhut von Lebenscoaches und unter die absolute Autorität einer Superbank zu stellen.

Das Problem liegt nicht darin, dass Hörmanns illusionärer dritter Weg jemals Wirklichkeit werden könnte, sondern dass er alle alternativen, kritischen und kämpferischen Menschen in die naive gesellschaftliche Gutgläubigkeit schickt und von den wirklichen Machtverhältnissen ablenkt.

11.4 Kapitalismus oder Moneyismus?

Wir haben im Überblick über die Etappen der Geldentwicklung immer wieder gesehen, dass Geld als Tausch- und Wertaufbewahrungsmittel und beim Wirtschaften der Masse der produzierenden Bevölkerung keine Probleme bereitete. Diese entwickelten sich wesentlich in dem Gebrauch des Geldes als K a p i t a l und der Entwicklung einer Geldwirtschaft im Dienste gehobener, besitzender Klassen und schließlich des heutigen Monopol- und Finanzkapitals.

Diese historische Grundstörung, Geld zu Kapital zu machen und aus Selbstzweck zu vermehren, durchzog alle gesellschaftlichen Beziehungen. Die Kapitalprinzipien unterwarfen sich die gesellschaftliche Produktion (Kapitalismus) und drangen tief in die menschliche Gesellschaft ein. Heute werden alle gesellschaftlichen Beziehungen und menschlichen Regungen nach der Möglichkeit, darüber Kapital zu vermehren, gescannt. Die Gesetzmäßigkeiten der Kapitalmaximierung fesseln die Menschheit, verschärfen alle Gegensätze im globalen Maßstab und treiben die Menschheit in existentielle Katastrophen und Zusammenbrüche, wenn es ihr nicht gelingt, diese ökonomischen Fesseln zu sprengen.

Es stimmt natürlich: Es gäbe keinen Kapitalismus mehr, würde man das Geld abschaffen. Nur wird man dann schlagartig wieder auf den Zustand kleiner isolierter redistributiver Zentralwirtschaften zurückgeworfen, über die die Geschichte der Klassengesellschaften längst ihr historisches Urteil gefällt hat.[41]

Der an Gewalt und Macht fixierten Eliten gescheiterte Ansatz redistributiver früher Stammeskultur fand sich in der Neuzeit in den planwirtschaftlichen Zentralabschöpfungswirtschaften des ehemaligen Ostblocks wieder, wo er ebenfalls an der Existenz einer elitären Klassengesellschaft scheiterte.

Es zeigte sich anschaulich, dass es ökonomisch einen gewaltigen Unterschied macht, ob ein Stammeshäuptling als Big Boss ohne eigenen Gewalt- und Zwangsapparat Redistribution betreibt oder ob eine, Militärkomplexe und Polizeiapparate befehligende, straff hierarchisch organisierte Kaderpartei das Sagen hat. Diese neue Herrschaftselite scheiterte daran, mit Hilfe angeblich redistributive Volkswirtschaftspläne einer nach Millionen zählenden Bevölkerung eine gerechte, bedürfnisorientierte und planmäßige Güterverteilung zu garantieren.

Es zeigte sich, dass herrschaftsfreie Redistribution in keiner Form von Klassengesellschaft möglich ist und eine zentralistische Elite der Versuchung nicht widerstehen kann, den gesellschaftlichen Mehrwert in die eigenen privilegierten Taschen umzuleiten und für einen nationalistischen, ihre Macht erhaltenden repressiven Klassenstaat zu verwenden.

Wenn man nicht zwischen Geld und Kapital unterscheidet, kommt man leicht – vor allem in alternativen Kreisen – auf die Idee, dass das Geld an dem Elend der Welt schuld und abzuschaffen sei. Die Welt leidet jedoch unter dem Kapitalismus, nicht unter der Geldkrankheit. Das Hauptwerk von Karl Marx heißt nicht ohne Grund „Das Kapital" und nicht „Das Geld".

11.5 Ein unpassender archaischer Ansatz

Franz Hörmanns ökonomischer Ansatz eines Informationsgeldsystems greift auf die redistributive Verteilungsart archaischer Völkerschaften zurück und arbeitet mit der Abschaffung von Geld.

Er trennt Produktion und Verteilung, sowie Kauf und Verkauf voneinander. Die Menschen haben ökonomisch nur noch über den zuteilenden Knotenpunkt „Nationalbank" miteinander zu tun. Es gibt keine Waren mit definierten Preisen mehr.

Hörmann will das Geld, das seit Jahrtausenden als Tausch- und Wertaufbewahrungsmittel gebraucht wurde, abschaffen. Der Bereich der gesellschaftlichen Produktion funktioniert bei ihm durch reine Zuteilung der Produktionsmittel durch die Big Boss-Zentrale. Die anzurechnenden Informationsgeldpreise haben mit Geld, und seiner Grundlage, dem Arbeitswert, nichts zu tun. Sie werden von den Kaufwilligen nach ihrem Gusto festgelegt, während die Verkäufer vollkommen getrennt davon ihre Preiswünsche mit der Gesellschaftszentrale abrechnen.

Hörmann macht das, was bürgerliche Wirtschaftswissenschaft in der Tabubewahrung gegen die Marxsche Ökonomie schon seit 150 Jahren praktiziert hat: Er übergeht Arbeitswert, Ausbeutung und Klassengesellschaft und löst Preise und Geld in einem nicht mess- und steuerbaren Chaos isolierter Wirtschaftssubjekte und ihrer Gebrauchswertwünsche auf.

Informationsgeld sind die elektronisch hinterlegten Wunschvorstellungen der Wirtschaftsbeteiligten. Sie sind gewissermaßen, polemisch gewendet, Wunschlisten an den Big Weihnachtsmann, der ein Gut oder eine Dienstleistung ganz umsonst bringt (im Falle von Überfluss), oder eben nichts bringt, wenn der potentielle Käufer (im Falle von Mangel) mit seiner zu geringen Wunschpreisangabe bei der automatischen Mangelverteilungsauktion der Zentralbank leer ausgeht.

Diese subjektivistischen Wunschpreislisten haben nichts mit Geld zu tun. Sie informieren nur über die individuellen Vorstellungen von Millionen Menschen, sodass unzählige Preise für ein und dieselbe Sache im Raum, d. h. auf Lebenskonten, stehen. Der Zentralrechner der Gesellschaft in der Nationalbank muss über eine allumfassende, normierende Rechnerleistung verfügen, ganz zu schweigen von einem elektronischen Global Brain, von dem Hörmann spricht – ein

wahrer Magnet für Hacker und Geheimdienste aller Art. Für die angeblich glückliche Bevölkerung ist das Verfahren vollkommen un-
durchsichtig und aus dem Betreiberhintergrund nach aller Erfahrung
manipulierbar und von außen angreifbar.

Eine Gesellschaft muss Produktion von Gütern und Dienstleistungen und deren Verteilung immer wieder ökonomisch neu ausbalan-
cieren und dafür bilanzieren, sonst versinkt sie in Desorganisation
und Zusammenbruch. Das erfolgt bisher mehr schlecht als recht über
für die Menschen nicht eingängige innere Marktmechanismen und
Handlungszwänge in krisenhaften Konjunkturzyklen, die sich unabhängig von subjektivem Wollen der Wirtschaftssubjekte durchsetzen
und immer wieder Krisenchaos, Not und Elend hervorrufen.

Den Kapitalismus abschaffen zu wollen, bedeutet nicht, das Kind
mit dem Bade auszuschütten und Geld und Marktwirtschaft mit zu
beseitigen. Es geht eher darum, den gesamten, sinnentleerten, der
Menschheit ihre erarbeiteten Werte vorenthaltenden finanzkapitalistischen Komplex zu beseitigen. Spätestens in dem nächsten welt-
wirtschaftlichen Zusammenbruch muss es mit allen Mitteln darum
gehen,

- Spekulation und Zockerei mit sogenannten Finanzprodukten in
  und außerhalb der Börsen zu unterbinden und alle die seltsamen
  und ökonomisch sinnlosen „Finanzprodukte" aus dem Verkehr zu
  ziehen,
- um den Erdball vagabundierende, nicht investierbare Milliarden
  an Fiatgeld einzuziehen,
- dieses für die Realwirtschaft gefährliche Spielgeld der Börsencasi-
  nos zu vernichten
- und einen realwirtschaftlich brauchbaren und vertretbaren Teil
  einer gemeinnützigen, genossenschaftlichen Realwirtschaft zur
  Verfügung zu stellen.

Aktiengesellschaften sind in gemeinnützige, genossenschaftliche
Unternehmen der Belegschaften entschädigungslos zu überführen.
Die Belegschaften internationaler, in ihr genossenschaftliches Kol-
lektiveigentum überführter Konzerne müssen ihre weltumspan-

nenden, überstaatlichen Unternehmen zusammenzuhalten und in globaler Zusammenarbeit miteinander ohne Verzug an der Lösung der planetaren Probleme der Menschheit und ihrer zum Überleben notwendigen gerechten Ausbalancierung arbeiten. Diese gesamte neue Realwirtschaft wird angehalten, sich umgehend, planmäßig und nicht profit-, sondern ergebnisorientiert und mit konfiszierten Milliarden subventioniert an die dringend notwendige Sanierung der Länder, Regionen und Gesellschaften zu machen.

Es kann und wird keinen „dritten Weg", keine Koexistenz zwischen kapitalistischem Eigennutz auf der Basis von Privateigentum an den Produktionsmitteln einerseits und gesellschaftlicher Gemeinnützigkeit auf der Basis genossenschaftlicher, basisdemokratischer Vernetzung andererseits geben.

Geld und Markt werden reine Hilfsmittel der Vernetzung von Milliarden Menschen und ihrer Unternehmungen rund um den Globus auf Basis von Arbeitsteilung und Arbeitswert sein – und in zunehmendem Maße auf Basis jeweiliger Bedürftigkeit und kollektiver Hilfe zurückgefahren werden.

Gutgemeinte heutige alternative Insellösungen im Meer einer selbstzerstörerischen Weltwirtschaftsordnung sind reaktionär im Sinne eines Zurückdrehens der Geschichte und Aufgreifens historisch immer wieder gescheiterter, CARLUS RER FR Pavia.Denar illusionärer Sozialversuche.

Im Gegensatz dazu versucht Franz Hörmann, archaische Ökonomieelemente in die heutige Wirtschafts- und Klassenordnung zu integrieren und mit Hilfe elektronischer Totalerfassungs- und Verwaltungstechnik sowie weltweiten Internetzugriffs auf alle Menschen die Gesellschaft weiterzudenken. Aber leider kommt dabei in meinen Augen ein Fantasy-Klassengesellschaftsmonster heraus.

12 Ein Wort zu Kryptowährungen

Auf dem Gebiet des elektronischen Buchgeldes hat sich mit der Erfindung des Bitcoins 2008 viel getan. Kryptowährungen sind kryptographische, d. h. elektronisch verschlüsselte Zahlungsmethoden. Sie nehmen Zentralbanken, Banken oder privaten Bezahl- und Gelddiensten die Verfügungsgewalt über das Geldwesen incl. des Geldschöpfungsprivilegs durch direkten, anonymisierten Geldverkehr zwischen gleichberechtigten Teilnehmern an einem Netzwerk. Sie wollen auf diese Weise die Finanzmacht der Banken brechen und sie überflüssig machen.

Die Schöpfung des Geldes wird von den heutigen staatlichen und privatwirtschaftlichen Unternehmen auf rein private Aktivitäten der Teilnehmer im Netzwerk verlagert, wobei die Rechenleistung des eigenen Knotenpunktes und die Menge des Besitzes von neuem Geld eine seltsame Art von Demokratie ergeben soll. Es handele sich um ein vertrauensloses System der Informationsverarbeitung, das angeblich nicht zu hacken und nicht manipulierbar sein soll, keinen Besitzer kennt und jenseits heutiger staatlicher Bürokratien arbeitet.

Die Entwicklung wird als sozialistisch-anarchistische Revolution gesehen: *„Die Wirtschaft ohne Organisation bzw. Organisationen ohne einen Besitzer. Kein Vertrauen, keine Macht. Oft erscheint der Bitcoin als ein zutiefst kapitalistisches Werkzeug. Sein technischer Kern weist jedoch in eine friedliche, sozialistische Revolution, indem er die Möglichkeit von Vertrauen, Macht und Herrschaft aus den Systemen löscht.“* [42] Die traditionelle Klassenherrschaft der heutigen Welt wird aber offenbar durch die Herrschaft eines selbstoptimierenden Internetsystems von gigantischem Ausmaß abgelöst.

Aber Software muss angepasst und weiterentwickelt werden. Es hat beim Bitcoin schon einen weitreichenden Softwareaussetzer gegeben. Hash-Funktionen haben sich als nicht kollisionssicher herausgestellt (MD5 und SHA-1). Die Spezialisten-Communities spalten sich auf, entwickeln Ableger, kämpfen ihren Cyberkrieg mit *attacks and counterattacks* gegen Hacker und die Spezialisten für elektronisches

Geld der herrschenden Institutionen – die einfache Bevölkerung hat keine Chance, diese Welt der Software- und Programmierfreaks und IT-Profis zu durchschauen oder womöglich zu kontrollieren.

Wie bei jeder Geldform stellt sich auch bei den Kryptowährungen die entscheidende Frage: Woher kommt der Wert z. B. der Bitcoins, wenn er denn nicht mehr durch Vertrauen in die Gültigkeit der Kryptowährung, bzw. durch staatliche Macht garantierte Gültigkeit erlangt? Entspringt Wert der Allmacht von sich verselbstständigenden Blockchains, von Computernetzwerken, die den Wert z. b. des Bitcoins und die Preise, die man in Bitcoin zu zahlen hat, aus sich selbst heraus bestimmen? Ist das nicht die in das Internetzeitalter hinübergerettete Mystifizierung von Geld und von neuen wertschöpfenden Cyberwelt-Göttern?

Ob mit Giralgeld, Bitcoins oder welchem elektronischen Kryptogeld auch immer, – es wird in der Gesellschaft immer Arbeitswert gegen Arbeitswert in Form von Waren und Dienstleistungen mit Hilfe von Geld getauscht. Die Kapitalakkumulation zu Lasten produktiv arbeitender Bevölkerungen wird nach wie vor die zentrale Form von Ausbeutung darstellen. Es bleibt sich vollkommen gleich, ob man dann den Lohn in Bitcoins überweist oder den Profit als Bitcoins speichert.

Die Banken mit ihrem Giralgeld und die Zentralbanken mir ihrem Vollgeld werden umdenken und sich bei dem Ablauf von Kreditvergaben anpassen. Es ist bereits heute so, das große Unternehmen und Banken Modelle erarbeiten, eigene Kryptowährungen in ihre Geschäfts- und Marketingkonzepte einzubauen.

Die Staaten über entsprechende Steuer- und Geldgesetzgebung und die Börse über Wechselkurse und Währungsspekulation haben den Bitcoin längst in das herrschende Finanzsystem vereinnahmt und zu einem Spekulationsobjekt gemacht. Die von einer abgeschotteten, marginalen Kryptowährung nicht beantwortbare Frage nach ihrem Wert und ihrer Kaufkraft führt zwangsläufig zu Wechselkursen mit den heute das Wirtschaftsleben regelnden großen Währungen. Der Wert des Bitcoins ergibt sich aus seinem Wechselkurs mit dem

Dollar, der damit auch zu seiner Leitwährung wurde. Die Spekulationsblasen um den Bitcoin sind an seinem jeweiligen Stand zum Dollar abzulesen.

Trotz schwankender Marktpreise, Monopolverzerrungen und notwendiger bilanztechnischer Bereinigungen bildet der Dollar im weltweiten Geschäftsverkehr und der wertmäßigen Einordnung von Waren und Dienstleistungen einen Anhaltspunkt für den real in die Waren eingearbeiteten Wert. Auch Kryptowährungen kommen letztlich nicht an der Wahrheit vorbei, dass Wert nicht irgendwie technisch und elektronisch geschöpft wird und Kaufkraft nicht aus einem Netzwerk-Himmel fällt, sondern immer noch menschliche Arbeitsleistung abbildet.

13 Ein Hohepriester der Geldreligion

Den jüngsten Generalangriff gegen Wert und Geld ritt 2009 Karl-Heinz Brodbeck, Professor für Volkswirtschaftslehre, Volkswirtschaftspolitik, Betriebsstatistik und Kreativitätstechniken. 2009 erschien sein voluminöses Werk über „Die Herrschaft des Geldes" [43], in dem er Geld zu einer Religion macht.

Geld wird bei Brodbeck zu einer finsteren, alles beherrschenden, durchdringenden, übergeordneten Macht. In totaler Herrschaft versklave Geld die Märkte, die ihrerseits die Menschen versklavten. Die Perversion der globalen Ökonomie zeige sich in Märkten als der Gottheit der Gegenwart. Obwohl er scheinbar das Geld- und Marktsystem massiv kritisiert und prinzipiell in Frage stellt, wird er doch faktisch zu seiner letzten Bastion, indem er das Geld zu einem nicht historisch entstandenen, kategorialen Apriori [das prinzipielle, nicht erklärbare Grundlegende] erklärt, zu einer bloßen, nicht ableitbaren Denkstruktur von gleichem Holz wie Sprache, hinter der kein erklärender Wert mehr sein könne.

„Die Welt", schreibt Brodbeck, „denkt in einer Form, von der sie beherrscht wird und die eben deshalb ihre Macht entfalten kann, weil sie unerkannt ist. Das Geld ist das Apriori der Denkformen, die beim Versuch, es zu erklären, scheitern, weil sie immer das schon voraussetzen, was ihren Gegenstand ausmacht. Das Geld kann menschliche Handlungen nur beherrschen, weil sein leeres Wesen und der ihm eigentümliche Schein nicht erkannt werden." [44]

Das ist in meinen Augen leeres Gerede über „leeres Wesen". Rein logisch kann es auch Karl-Heinz Brodbeck nicht möglich sein, ein „leeres Wesen" überhaupt auszumachen. Ein „leeres Wesen" kann nur wesenloses Nichts sein, was objektiv nicht bemerkt werden kann, ob als leeres Apriori mit oder ohne einem „eigentümlichen Schein".

Und weiter geht es mit solcherart Dogmen begründender Sophisterei. „Man kann weder das Geld noch die Sprache aus etwas anderem ableiten. Es handelt sich um primäre Phänomene ..." und

„Sprache und Geld sind kategorial ein Novum, und es charakterisiert jedes kategoriale Novum, dass man es nicht in und aus etwas anderem erkennen kann",[45] sodass „das Geld auch nicht aus dem Tausch abgeleitet, durch ihn nicht erklärt werden kann".[46] Und diese „planetarisch universalisierte" Denkform namens Geld habe „kein Wesen aus sich". „Sie ist der Vollzug einer globalen Täuschung des Wertes – eine Täuschung, die immer wieder, beim nächsten Börsencrash, in Wirtschaftskrisen, Inflationen oder leeren Staatskassen, zeigt was sie ist."[47] In einem Zeitungsinterview begräbt Brodbeck offen jeglichen Wert: „Geld hat nur einen Wert, weil alle in ihm rechnen und ihm durch dieses Vertrauen Wert verleihen."[48]

Geld als überirdisches Apriori, Wert als Täuschung und Zusammenbrüche als Naturereignisse unter der „universelle[n] Herrschaft der Geldgier".[49] Brodbeck ist gründlich bei der Mystifizierung und Vernebelung des rationalen und historisch gewachsenen und nur in seinem gesellschaftlichen Werden zu verstehenden Geldes. Die Disziplin „Ökonomik" erweist sich für ihn „in ihrer Hauptmasse, ihren Hauptvertretern [...] als eine wissenschaftliche Fehlgeburt"[50], die zu „Theologie des Geldes" geworden sei.[51] In Wahrheit sitzt hier jemand im Glashaus und wirft mit Steinen. Wenn die Ökonomie die Theologie des Geldes ist, dann ist Karl Heinz Brodbeck ihr neuer Hohepriester, der den kleinen Geldtheologen die Leviten liest wegen all ihrer dummen Versuche, Geld zu erklären und abzuleiten und der ihnen predigt, dass Geld das höhere, unerklärbare Kategorische in und über allem sei, – also das Göttliche.

Normalerweise kamen in der Geschichte Religionen auf, wenn die Menschen noch nicht in der Lage waren, die Wirklichkeit und Natur der Dinge rational und wissenschaftlich zu durchschauen. Das hat sich nun heute beschämenderweise umgekehrt.

Schon die klassischen Nationalökonomen und dann in voller Klarheit Karl Marx hatten die wertstiftende Arbeit des Menschen, den Arbeitswert, als die alleinige Quelle von Wert in der Ökonomie der Gesellschaften herausgearbeitet. Nicht anders als die von Karl-Heinz Brodbeck kritisierte Wirtschaftswissenschaft in ihrer ideologischen Hilflosigkeit, fällt er seinerseits mit seiner mystifizierenden

Geldreligion vom „kategorialen Novum der leeren Denkform Geld" auf Mittelalterniveau zurück.

Es gleicht einem Akt wissenschaftlichen Harakiris, um zu solchem Mittel greifen zu müssen, damit das historische Große Tabu der herrschenden Klassen nicht aufgedeckt wird. Denn eines versucht Wissenschaft von und für oben immer wieder zu unterbinden: Den Milliarden arbeitender und produzierender Menschen auf dieser Erde darf nicht klarwerden, dass sie, und nur sie, immer die eigentlichen Gestalter und Erbauer dieser Welt, ihre einzigen Wertschöpfer waren und sind und dass Geld jeglicher Art letztlich immer stellvertretend für diesen Arbeitswert wirksam wurde und noch immer wird.

14 Fazit

Wir haben die lange Geschichte des Geldes als Aspekt von Wirtschaftsgeschichte in der Menschheitsepoche von Klassengesellschaften nachvollzogen. Wir haben gesehen, wie Geld von den Herrschenden für eigene Interessen auf Kosten der Werte schaffenden Bevölkerungen genutzt worden ist.

Der Ausgangspunkt und das Wesen des Geldes von Anfang an ist der mit Mühe, Geduld und Können Wert produzierende Mensch, der als gesellschaftliches Wesen seine Produkte mit anderen Menschen auf der Basis des Arbeitswertes austauscht. Er war im frühen Stadium noch Herr seiner eigenen Arbeit. Er verband noch den Wert seiner Produkte mit der Arbeit, die sie ihm gemacht hatten, und bestimmte selbst über seine Tauschgeschäfte.

Wir haben gesehen, wie Geld in der frühen Gewichtsgeldökonomie als Tauschvermittlungsware die Marktoperationen höchst sinnvoll optimierte. Das Edelmetallgeld wurde die Allroundware, gewissermaßen die Messlatte, an der sich die Preise aller anderen Waren orientierten. Für ein Quantum Edelmetall bekam man alle denkbaren Waren im Tausch. Man bezahlte wie selbstverständlich mit diesem Material ohne genau zu wissen, woraus sich der Edelmetallwert speiste. Das Metall mit seinem, von diesen Menschen eingearbeiteten Arbeitswert als Maß stellte eine erste Abstraktionsstufe des Geldwesens dar.

Die grundlegenden, letztlich nicht lösbaren Probleme des Geldes begannen mit der Entstehung von Klassenstaaten und deren historisch neuen Münzgeldwährungen. Das Geld ging in die Hoheit von herrschenden Klassen in der Person eines herrschaftlichen Münzherrn über.

Das Geld machte eine zweite Abstraktionsstufe durch, als über staatliche Münzwährungen für die Bevölkerungen ein Nennwert des Münzherrn das vordergründige Maß bei Kauf und Verkauf wurde, während für die großen Geschäfte der besitzenden Oberklassen der Realwert des Geldes, das schiere Gold und Silber, das unverfälschte

Wertmaß blieb. Im dekretierten Nennwert war kaum noch der ursprüngliche reale Arbeitswert enthalten. In der Marktpraxis der Bevölkerungen wurde jedoch objektiv weiterhin Arbeitswert gegen Arbeitswert über einen zirkulierenden Nennwert getauscht, denn die Realwertverzerrungen verschlechterter Münzen hoben sich bei ihrem Gebrauch im Alltag in ihrem Umlauf gegeneinander auf.

Die sich im Spätmittelalter entwickelnde Geld- und Finanzwirtschaft war die Domäne des städtischen Bürgertums. Geld, Kaufmanns- und Produktionskapital wurden seine entscheidenden Waffen bei dem Aufstieg an die Spitze der Gesellschaft im Kampf gegen die Feudalaristokratie.

Eine weitere Abstraktionsstufe, ein weiterer Schritt in die Undurchschaubarkeit des Geldes kam mit der Banknote als Gutschein für Edelmetall. Das Papiergeld war nie wirklich gedeckt, d. h. nur bedingt einlösbar. Das führte in der gehobenen, sich untereinander nicht trauenden Geschäftswelt immer wieder zu Krisenabstürzen des Geldsystems. Auch bei solchen Konjunkturschwankungen und Finanzeinbrüchen zeigte sich, dass die einfachen Bevölkerungen auch mit Papiergeld wirtschaften, d.h. Arbeitswerte austauschen konnten, solange der dekretierte Nennwert dieser Zettel, d.h. seine Kaufkraft, stabil blieb. Das aber konnte das Geldsystem von oben nie leisten.

Das Geld durchlebte weitere Abstraktionen. Die sich entwickelnde Geldwirtschaft im spätmittelalterlichen Norditalien erfand als Hilfe für den Umgang mit Münzen und Barrengold über große Entfernungen das Buchgeld als Kontoeinträge in der Form von Wechseln und Kreditgeschäften, die allerdings zu jener Zeit noch voll durch vorhandenes Metallgeld abgesichert waren.

Trotz aller Geschäftspraktiken und Geldtechniken, trotz Papiergeld und abstraktem, immateriellem Buchgeld blieb Gold bis weit in das 20. Jahrhundert das Nonplusultra der internationalen Finanzwelt. Wenn irgend möglich, wurde immer auf der Gold- und bei einer Reihe von Staaten der Silberkonvertibilität von Währungen bestanden. Der Grund liegt darin, dass Edelmetall seinen Wert weltweit unabhängig und oberhalb der Ebene von Staaten entwickelt. Damit wurde es zu einem politisch-ökonomischen Machtfaktor und Objekt der Begierde zwischen wirtschaftlich konkurrierenden Staaten.

Die systematische, quantitative Ausbreitung der Geld- und Warenwirtschaft in alle Winkel von Gesellschaft und Globus im Verlauf der letzten 500 Jahre hat längst eine vollwertige Edelmetalldeckung von Währungen unmöglich gemacht. Selbst wenn man es gewollt hätte, sind Währungen schon lange nicht mehr auch nur annähernd durch Edelmetall zu decken.

Die endgültige Abschaffung offizieller Golddeckung im globalen Geldsystem Anfang der 70er Jahre des letzten Jahrhunderts durch die USA bedeutete die Aufgabe jeglichen unmittelbaren Bezugs zur Arbeitswelt und eine noch weitgehendere Abstraktion des Geldes.

Innerhalb eines die Gültigkeit von Geld welcher Machart auch immer garantierenden Staates funktionieren alle Nennwerte, seien es Papiergeld oder Giralgeld. Wer vermögend ist und Geld- und Währungspolitik sowie der Stabilität des Staats misstraut, wird sich allerdings auch weiterhin zur Sicherheit Goldbarren in seinen Safe legen.

Da sich der wissenschaftliche Mainstream dem Großen Tabu der Klassengesellschaft unterwirft (siehe Kap. 4.2), kann offizielle Wissenschaft nicht von der ursprünglichen, realen Deckung von Geld durch den Arbeitswert, also der Wertschöpfung von Millionen und Abermillionen produzierender Menschen ausgehen.

Da man eine halbwegs plausible Erklärung für Geldwert ohne Gold abgeben muss, findet man in den Lehrbüchern der Ökonomie undurchschaubare, wissenschaftlich klingende Andeutungen, wie beispielsweise: „Für die Geldemittenten gilt also, dass das ursprüngliche, vollwertige Geld als ein von allen akzeptiertes Basisgut (z.B. Gold) durch Forderungsrechte auf irgendein Aktivum abgelöst wird."[52] Irgendein Aktivum, – das sind Notenbankverbindlichkeiten aller Art, Forderungen, Devisen, Kredite und Wertpapiere, die man bewertet, wie es passt und eins aus dem anderen ableitet. Das soll dann am Ende die Währungsdeckung abgeben. Es muss heute immer offener zugegeben werden, dass sogenanntes Fiat-Geld im kapitalistischen Geldkreislauf keinerlei wie auch immer konstruierte Deckung aufweist.

Undurchschaubarkeit, Verschleierung, Mystifizierungen und religiöse Muster überspielen die entscheidende Grundwahrheit, dass seit Jahrtausenden die Lebensgemeinschaften produzierender Völker immer auf der Basis von gesellschaftlicher Arbeitsteilung und Austausch der Arbeitsergebnisse funktioniert haben. Immer wurde letztlich auf der Grundlage von Arbeitswert abgerechnet, wobei als Werkzeug der Verrechnung jede materielle und immaterielle, jede reale oder als Nennwert dekretierte und geschützte Geldform fungieren kann.

Die Turbulenzen und Krisen gehen nicht von der Masse der wirtschaftenden Bevölkerungen aus, sondern resultieren aus den Widersprüchen kapitalistischen Wirtschaftens. Eine Klasse, die keine eigenen Werte schafft, hat natürlich auch nichts selbst Erarbeitetes, was für den Austausch taugt. Was sie in Besitz hat, haben andere geschaffen. Man kann niemals eingestehen, dass man quasi eine Virusexistenz in der gesellschaftlichen Arbeitswelt als seinem Wirt darstellt. Kapitalmaximierung als Wirtschaftsmotivation hängt untrennbar mit ökonomischer Ausbeutung zusammen.

Um das Geld, seine Entwicklung und Geschichte bis heute zu durchschauen, kommt man nicht drum herum, sich mit der Klassengesellschaft und den Herrschaftsverhältnissen, der Wertfrage, der menschlichen Arbeit und den Ausbeutungsmethoden zu beschäftigen. Wer diesen Angang aus ideologischen Gründen verweigert, scheidet aus der rationalen Analyse von Geld und Wert aus. Er landet unweigerlich bei Quantitätsdogmen, die erarbeiteten Wert und gesellschaftliche Wertschöpfung leugnen. Er verstrickt sich in einen überirdischen Geldmythos oder denkt sich zukünftige befriedete Scheindemokratien aus, in denen gläserne Einzelmenschen computer- und internetgestützt von einer alten, sich neu aufstellenden Besitzklasse zentralistisch beherrscht werden.

Geldprobleme und wirtschaftliche Krisen in der Geschichte waren immer die Begleitmusik zu ökonomischer und staatlicher Herrschaft von besitzenden Klassen und deren Verfügungsgewalt über Geld, Währung, Kapital und Finanzen. Demgegenüber wirtschaftete das wertschöpfende Volk immer auf unproblematischer Basis des Austausches seiner Arbeitswerte mit Hilfe beliebiger Arten von Geld.

Die 5000 Jahre alte Epoche der Klassengesellschaft gelangt heute an ihr historisches Ende. Wenn die Menschheit die zerstörerische Implosion der kapitalistischen Produktionsweise und ihrer sinnentleerten Finanzwelt überleben, oder es ihr gelingen sollte, sich massenhaft von dem Marsch in den Abgrund abzukoppeln, wird sich die Geldfrage in einem ganz neuen und doch uralten Licht stellen.

Es wird darum gehen, dass alle Menschen kollektiv, abgestimmt und arbeitsteilig gewissermaßen große Pools mit benötigten und erwünschten Produkten und Dienstleistungen füllen und nach fair vereinbarten, individuellen und kollektiven Entnahmen die Pools leeren – herrschaftsfrei und ohne eine juristisch besitzende privilegierte Oberschicht von Bestimmern. Es wird sich zeigen, dass Geld, in welcher Form auch immer, als Leistungsgutschein und Arbeitswertnachweis einen sinnvollen Einsatz bei der gesellschaftlichen Herstellung und Verteilung der Güter und der Dienstleistungen sowie der Bearbeitung gesellschaftlicher Projekte findet, ohne zum Selbstzweck zu werden. Nur eines wird selbstverständlich sein: Niemand wird etwas entnehmen können ohne selbst zu geben.

Es macht heute wenig Sinn, über die konkrete Ausgestaltung dieser zukünftigen Welt, wenn sie denn kommt, zu spekulieren. Die Geschichte findet immer ihre eigenen Wege und Lösungen. Leider ist auch das, was uns das Kino oft als Katastrophen- und Endzeitszenario anbietet, nicht nur aus der Luft gegriffen.

Alles was heute kleinteilig in basisdemokratischen Modellversuchen erprobt werden kann, beschäftigt sich vor allem mit geduldeten kleinen Inseln einer überschaubaren Zahl von Individuen und sammelt bestenfalls Erfahrungen für ein notwendiges späteres gesellschaftliches Upscaling.

Die Weltbevölkerung ist planetar zusammengewachsen und hat trotz aller Widrigkeiten ein hochentwickeltes Niveau erreicht, was

Arbeitsteilung, Handel und Verkehr, Kultur, gegenseitiges Kennenlernen und voneinander Lernen betrifft. In der Jugend entwickelt sich heutzutage ein kosmopolitisches Selbstverständnis jenseits überholter Nationalismen. Darin liegt die Zukunft einer Menschheitsfamilie, nicht jedoch in sozialutopischen Aussteigermodellen, die das bereits erreichte Niveau globalen Zusammenwachsens negieren und in eine geldlose Sippen- und Stammeskultur früherer Epochen zurückstreben.

Anmerkungen

[1] *Im Besonderen möchte ich in diesem Zusammenhang für deutsche Leser zwei Bücher besonders empfehlen: a) Ernst Wolff, Finanz-Tsunami. Wie das globale Finanzsystem uns alle bedroht, edition e. wolff, 2017; b) Tomasz Konicz, Kapitalkollaps. Die finale Krise der Weltwirtschaft, Hamburg: KVV konkret (konkret texte 68), 2016.*

[2] *T. Konicz (wie Anm. 1), S.261.*

[3] *Erste Tauschvorgänge zwischen redistributiven Gruppen operierten schon mit einfachstem Naturgeld (siehe unten Anm.5).*

[4] *Gold und Silber spielten eine gleiche Rolle als Äquivalentware der Warenverteilung. Sie hatten miteinander einen relativ festen Kurs und konnten sich dadurch in der Geldrolle abwechseln.*

[5] *In frühen archaischen Kulturen konnten bereits unterschiedlichste Objekte zu einfachstem Geld werden: Bernstein, Perlen, Kaurimuscheln, Trommeln, Eier, Federn, Gongs, Hacken, Elfenbein, Jade, Kessel, Leder, Matten, Nägel, Ochsen, Schweine, Quarze, Reis, Salz, Fingerhüte, Umiaks (Seehundfellboote der Inuit), Wodka, Wampum (Muschelschalengürtel der Indianer), Garn oder Äxte. Siehe: Glyn Davis, A History of Money From Ancient Times to the Present Day. Cardiff 1994, S. 27. Auch: René Sedillot, Muscheln, Münzen und Papier. Die Geschichte des Geldes. Frankfurt/New York 1992, Kap. 2: Naturalgeld (S. 27-49).*

[6] *Franz Hörmann / Otmar Pregetter, Das Ende des Geldes. Wegweiser in eine ökosoziologische Gesellschaft, Etsdorf am Kamp: Galila Verlag, 2011 [http://www.franzhoermann.com/uploads/2/0/1/9/20 192907/20110810-das_ende_des_geldes.pdf].*

[7] *Hörmann/Pregetter (wie Anm.6), S.77-82.*

[8] *Hörmann/Pregetter (wie Anm.6), S.84.*

[9] *„Seine Regel [der Informationsfunktion des Geldes] lautet: Waren und Dienstleistungen folgen immer dem größten Berg von Goldstücken, der größten Kaufkraft." (Hörmann/Pregetter (wie Anm.6), S.84).*

[10] *Hörmann/Pregetter (wie Anm.6), S.80.*

[11] *Aristoteles, Nikomachische Ethik, Übers. u. Nachw. v. F. Dirlmeier, Stuttgart: Reclam Nr. 8586, 2303, S. 133-135 [1133a-b].*

[12] *LEXIKON CHEMIE „Weißsieden"*
(http://www.chemie.de/lexikon/Wei%C3%9Fsieden.html): „Weißsieden ist ein Verfahren zur Verschönerung geringwertiger Silberwaren. Die Werkstücke werden in glühendes Kohlenfeuer gehalten, bis sie infolge der Oxidation des Kupfers an der Oberfläche mit einem schwarzen Überzug versehen sind. Durch Erhitzen von verdünnter Schwefelsäure oder einer Weinsteinlösung wird dann das Kupfer entfernt und eine dünne Silberschicht freigelegt. Die älteren Scheidemünzen waren "weiß gesotten", sie erschienen daher silberweiß, solange sie neu waren. Beim Gebrauch musste aber das reine Silber an der Oberfläche abgerieben werden und dann kam die rötliche Farbe des Kupfers zum Vorschein."

[13] *Siehe Reinhard Paulsen, Schifffahrt, Hanse und Europa im Mittelalter. Schiffe am Beispiel Hamburgs, europäische Entwicklungslinien und die Forschung in Deutschland, Köln Weimar Wien: Böhlau, 2016, Kap. 1.4: Wert-, Preis- und Währungsfragen, S.40-59.*

[14] *Ein Beispiel: Als im Jahre 1227 der Bischof von Worms dem König die Wormser Kirchenlehen überließ, verpflichtete sich der König ausdrücklich dazu, den Bischof mit Barrensilber zu entschädigen.*

[15] *Funktionsschema von Wechseln:*

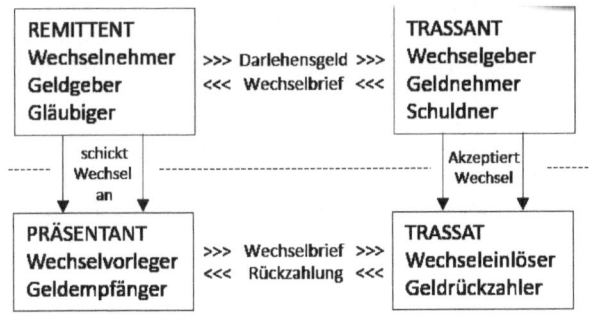

[16] *Franz Hörmann, Informationsgeld für die neue Gesellschaft, Abschn. 1 („Das verzinste Schuldgeldsystem")..Zu empfehlen ist auch: Ann Pettifor, The Production of Money, London / Brooklyn: Verso, 2017, Kap. 2: „The Creation of Money", 15 ff. Für alle, die Englisch lesen können, empfehle ich auch einen Artikel der Bank of England von 2014, in dem drei Mitglieder "of the*

Bank's Monetary Analysis Directorate" offen und direkt die Entstehung des Fiatgeldes im Kreditwesen der Banken erklären: Michael McLeay, Amar Radia and Ryland Thomas, Money creation in the modern economy, in: Bank of England Quarterly Bulletin Vol54(I) 2014 Q1, pp 14-27.

[17] *Gesetz über das Kreditwesen (Kreditwesengesetz - KWG), § 1 Begriffsbestimmungen.*

[18] *Gesetz über die Deutsche Bundesbank, §12.*

[19] *Hörmann/Pregetter (wie Anm.6), S.77-82.*

[20] *Diese Symbiose wird exemplarisch durch Folgendes veranschaulicht: Im Gouverneursrat des IWF sitzt für Deutschland der Bundesbankpräsident. Sein Stellvertreter ist der Bundesfinanzminister.*

[21] *E. Wolf (wie Anm. 1), S. 111.*

[22] *Lisa Nienhaus, „Bank für internationalen Zahlungsausgleich. Die diskrete Superbank" (Frankfurter Allgemeine. Wirtschaft, 21.12.2013.*

[23] *PBC (People's Bank of China), die direkt dem Staatsrat der Volksrepublik China untersteht.*

[24] *E. Wolf (wie Anm. 1), S. 111.*

[25] *Literaturhinweise: Eric Toussaint, 60 Jahre Bretton-Wood-System, Die Unterstützung von Diktaturen durch Weltbank und IWF 30. Aug. 2004: http://sandimgetriebe.attac.at0/2986.html . Ernst Wolff, Weltmacht IWF: Chronik eines Raubzugs, Marburg: Tectum, 2014.*

[26] *Zu dem Thema, welche Formen und Ausmaße diese "Cyborgisierung" der Menschen schon heute angenommen hat: Medita Hampe, „Überwachung, die unter die Haut geht", rubikon 9.2.2018 [https://www.rubikon.news/artikel/uberwachung-die-unter-die-haut-geht].*

[27] *Hörmann/Pregetter (wie Anm.6),*
Zu Hörmanns Theorien auch: http://www.franzhoermann.com/. Sehr aufschlussreich neben unzähligen anderen youtube-Auftritten: „Christoph Hörstel [DM] im Gespräch mit Franz Hörmann": https://www.youtube.com/watch?v=FI8y3NFZ23w .

[28] *http://www.informationsgeld.info/gesellschaftsvertrag.html.*

[29] *http://www.informationsgeld.info/uumlbergang.html.*

[30] *http://www.informationsgeld.info/individualismus.html.*

[31] *Hörmann/Pregetter, Das Ende des Geldes (wie Anm. 6), S. 112.*

[32] *Hörstel/Hörmann auf youtube (wie Anm. 27), 11:46.*

[33] *Hörstel/Hörmann auf youtube (wie Anm. 27), 25:47.*

[34] *Hörstel/Hörmann auf youtube (wie Anm. 27), 3:05.*

[35] *Hörstel/Hörmann auf youtube (wie Anm. 27), 4:27.*

[36] *Hörstel/Hörmann auf youtube (wie Anm. 27), 34:12–34:29.*

[37] *Hörstel/Hörmann auf youtube (wie Anm. 27), 12:45–12:56.*

[38] *Hörmann/Pregetter (wie Anm.6), S. 115.*

[39] *Hörmann/Pregetter (wie Anm.6).*

[40] *http://www.informationsgeld.info/individualismus.html.*

[41] *Siehe oben Kap2.2 „Reziprozität, Redistribution und Markt".*

[42]*https://bitcoinblog.de/2015/09/14/der-bahnbrechende-soziaimus-der-blockchain/.*

[43] *Karl-Heinz Brodbeck, Die Herrschaft des Geldes. Geschichte und Systematik, Darmstadt 209.*

[44] *Brodbeck, (wie Anm. 43), S. 3.*

[45] *Brodbeck, (wie Anm. 43), S. 5.*

[46] *Brodbeck, (wie Anm. 43), S. 11.*

[47] *Brodbeck, (wie Anm. 43), S. 9/10.*

[48] *Artikel „Geldgier und Blindheit regieren die Märkte", in: Die Rheinpfalz, Nr. 25, 10.1.2010, Wirtschaftsseite.*

[49] *Brodbeck, (wie Anm. 43), S. 6.*

[50] *Brodbeck, (wie Anm. 43), S. 7.*

[51] *Brodbeck, (wie Anm. 43), S. 6.*

[52] *Manfred Borchert, Geld und Kredit. Einführung in die Geldtheorie und Geldpolitik, 8. Aufl., München/Wien 2003, S. 33.*

Zeitfracht Medien GmbH
Ferdinand-Jühlke-Straße 7
99095 Erfurt, Deutschland
produktsicherheit@kolibri360.de